››Schreiben Sie uns!

Wir hoffen, dass Ihnen dieser Reiseführer gefällt und er Ihnen ein guter Begleiter auf einer außergewöhnlichen und spannenden Reise ist.

Weil ein Reiseführer von Erfahrungen lebt, sind wir an Ihren Erlebnissen interessiert: Haben Sie im Buch ein Restaurant entdeckt, das es nicht mehr gibt, eine Sehenswürdigkeit, die wir noch nicht aufgeführt haben, oder eine falsche Adresse? Dann schreiben Sie uns!

Wir nehmen jeden Hinweis und jede Kritik ernst und arbeiten kontinuierlich daran, die Bücher aktuell zu halten und immer weiter zu verbessern. Auch wenn wir nicht jeden Wunsch erfüllen können, machen wir uns immer Gedanken über Ihre Anmerkungen.

Schreiben Sie an: info@reise-know-how.de oder Reise Know-How Verlag Peter Rump GmbH, Postfach 140666, 33626 Bielefeld

Wenn sich Ihre Infos direkt auf das Buch beziehen, bitten wir um die Angabe der Seitenzahl und der Auflagennummer bzw. des Erscheinungsjahres. Besonders hilfreiche Beiträge belohnen wir mit einem Sprachführer Ihrer Wahl aus unserer „Kauderwelsch"-Reihe.

Herzlichen Dank und gute Reisen
Ihr Reise Know-How Verlag

Diesem Buch wurde hier ein herausnehmbarer Faltr
Sollte er beim Erwerb des Buches nicht mehr vorhande
nach.

Liebe Leserin, lieber Leser,

ein unabhängiger Verlag für unabhängig Reisende – das sind wir, der Reise Know-How Verlag aus Bielefeld, eines der letzten Familienunternehmen in der Branche. Obwohl wir zu den größten Reiseführerverlagen Deutschlands gehören, ist der familiäre Umgang miteinander in allen Bereichen des Verlagslebens zu spüren: In der Geschäftsführung in zweiter Generation, in einer wertschätzenden Arbeitsatmosphäre, in der Nähe zu unseren frei arbeitenden Autorinnen und Autoren, im engen Austausch mit unseren Leserinnen und Lesern – und auch in der Zusammenarbeit mit Druckereien in Deutschland, in denen wir ausschließlich und regional unsere Bücher produzieren. Die sollen schließlich erst mit Ihnen auf große Reise gehen.

Alles, was wir in unsere Bücher und Landkarten stecken, soll Ihnen eines ermöglichen: Auf Ihre ganz eigene, individuelle Weise die Welt zu entdecken. Wir wünschen Ihnen viel Freude und unvergessliche Erlebnisse mit diesem Reiseführer.

Es grüßen herzlich
Peter Rump & Wayan Rump

Beduinenkultur trifft Businessmentalität

Abu Dhabi ist die Hauptstadt der Vereinigten Arabischen Emirate. In der sich über mehrere größere und kleinere Inseln sowie auf dem Festland ausdehnenden Metropole verläuft das Leben nach dem Motto: Einmaligkeit ist die Regel, Bescheidenheit ein Fremdwort.

Abu Dhabi steckt voller Extreme und Widersprüche, Kuriositäten und Kontraste. Hier finden Beduinenkultur und Businessmentalität zueinander, hier treffen sich Wüstenbewohner und Weitgereiste. Touristen bieten sich 1001 Möglichkeiten, ihren Urlaub zu gestalten und die Einzigartigkeit dieser Stadt zu entdecken.

Abu Dhabi boomt! Seit den ersten Ölfunden 1958 und dem Zusammenschluss von sieben vormals selbstständigen Shaikhtümern zum Staatenbund der Vereinigten Arabischen Emirate im Jahr 1971 durchsprintet die Golfmetropole eine Entwicklung im Zeitraffertempo. Vielerorts schießen Villenviertel, Wolkenkratzer, Kulturbezirke, Freizeitstätten und Einkaufszentren aus dem Boden. Immer weiter dehnt sich das Stadtgebiet auf das angrenzende Festland Richtung Wüste aus und auch umliegende, einstmals einsame Eilande werden neu besiedelt.

Hier einige für Reisende interessante Neuentdeckungen: Die Uferpromenaden von Al Qana 19 – beidseitig an einem künstlichen Kanal gelegen und von der Yas Bay Waterfront 15 und vom Meer flankiert – eignen sich zum Spazierengehen oder Schlemmen. In Al Qana lohnt zudem der Besuch des National Aquarium, das auf innovative Weise die Vielfalt des Lebensraumes Meer zeigt. Auf der Insel Yas beherbergt SeaWorld Abu Dhabi (s. S. 42) das größte und artenreichste Indoor-Meerestier-Aquarium der Region und bietet Besuchern eindrucksvolle Tierbegegnungen und weitere Unterhaltungsangebote. Auf der Insel Al Jubail gewährt der Mangrove Park (s. S. 72) Einblicke in den Naturraum Mangrovenwald – kaum vorstellbar, dass der heute hochhausbestandene Küstenbereich um Abu Dhabi einstmals so aussah. Neuer Hotspot auf der Insel Al Reem ist die Reem Mall 17, einmalig mit eiskalt gekühlter und fantasievoll ausgeschmückter Schneehalle. Ein deutliches Zeichen religiöser Toleranz ist das Abrahamic Family House 14 auf Saadiyat, das eine Moschee, eine Synagoge und eine Kirche eint und zum Kennenlernbesuch einlädt. An der Nordspitze des Eilands schreitet der Bau des architektonisch auffälligen und die Schwerkraft sprengenden Kegel-, Trichter-, Zapfen- und Kubus-Gebäudes des Museums Guggenheim Abu Dhabi voran (s. S. 90), der 2025 vollendet sein könnte.

Die Autorin

Kirstin Kabasci hat Islam- und Erziehungswissenschaft studiert, arbeitet als Autorin von Reisehandbüchern, Sprach- und Kulturführern und zeitweise als Lektorin, Reiseleiterin und Fotografin. Ihre Fachgebiete sind die V.A.E., Oman, Jemen, Qatar und Bahrain sowie Köln. Arbeitsaufenthalte führen sie seit über 20 Jahren regelmäßig auf die Arabische Halbinsel, Reiselust in weitere Welt- und Wüstenwinkel.

1001 Dank an alle Fotourheber, insbesondere an das Department of Culture and Tourism Abu Dhabi.

Inhalt

Abu Dhabi auf einen Blick

0 — 3000 m

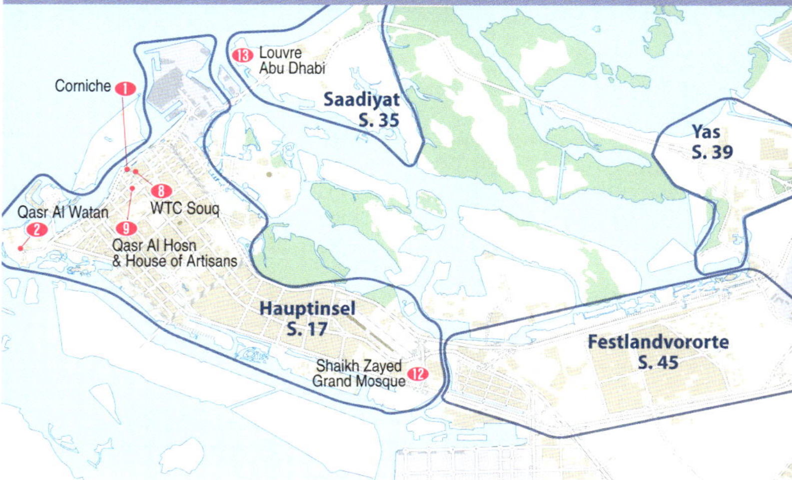

Cleveres Nummernsystem

Die Sehenswürdigkeiten sind im Text und im Kartenmaterial mit derselben **magentafarbenen ovalen Nummer** 1 markiert. Alle anderen Lokalitäten wie Geschäfte, Restaurants usw. tragen ein **Symbol und eine fortlaufende rote Nummer** (1). Die Liste aller Orte und die Zeichenerklärung befinden sich im Anhang.

Der Schmetterling …

… zeigt an, wo man Angebote im Bereich des nachhaltigen Tourismus findet.

Bewertung der Sehenswürdigkeiten

★★★ nicht verpassen
★★ besonders sehenswert
★ wichtig für speziell interessierte Besucher

Planquadrat im Kartenmaterial

[A1] Orte ohne diese Angabe liegen außerhalb unserer Karten. Ihre Lage kann aber wie die aller Ortsmarken mithilfe der begleitenden Web-App angezeigt werden (s. Anhang).

Vorwahlen

- **Landesvorwahlen:** 00971 (V.A.E.), 0049 (Deutschland), 0043 (Österreich), 0041 (Schweiz)
- **Ortsvorwahl:** 02 (Abu Dhabi)
- Emiratische **Mobilfunknummern:** 05X (X je nach Anbieter)

Updates zum Buch

www.reise-know-how.de/citytrip/abudhabi24

Die Leidenschaft der Emirater für Jagdfalken zeigt sich auch in Graffiti (Foto: 001ad Abb.: kk)

NICHT VERPASSEN!

1 Corniche [F2]
Abu Dhabis Uferpromenade ist die Schauseite der Stadt. In Innenstadtnähe kann man entlang der hochhausbestandenen Grünflächen flanieren und an den Stränden herrlich schwimmen. Zwischendrin bieten Cafés Speis und Trank (s. S. 18).

2 Qasr al Watan [am]
Ein Teil des prächtig-pompösen Präsidentenpalasts samt seiner Gartenanlagen steht Besuchern offen und versetzt sie ins Staunen. Abends erstrahlt die kuppelgekrönte Fassade bei einer imposanten Licht-, Video- und Sound-Show (s. S. 20).

8 WTC Souq [F2]
Wo einst der Souq Abu Dhabis stand, bietet heute ein moderner Neubau klimatisierten Einkaufsspaß. Hier werden vorwiegend regionale Produkte und Souvenirs verkauft. Eine Mall und Dachterrassen samt Gastronomiebetrieben ergänzen diesen Komplex zu Füßen aufragender Himmelsstürmer (s. S. 28).

9 Qasr Al Hosn & House of Artisans [E3]
Als ältestes und einziges historisches Gebäude der Stadt fungiert dieses mächtige Fort als kulturelles Wahrzeichen und heißt Besucher als Museum willkommen. Sehenswert ist auch die angeschlossene Handwerksausstellung. Kulturelle Veranstaltungen und Kunstausstellungen bietet die Cultural Foundation (s. S. 29).

12 Shaikh Zayed Grand Mosque [fo]
Das religiöse und kulturelle Wahrzeichen des Landes, das zu Ehren des Staatsgründers Shaikh Zayed errichtet wurde, besticht durch seine Größe und Opulenz. Traditionelle und moderne Architekturelemente verschiedener muslimischer Länder und edelste Materialien machen den Bau außergewöhnlich (s. S. 33).

13 Louvre Abu Dhabi [ck]
Unter einer ornamentverzierten Riesenkuppel präsentiert eine Museumsstadt Kunst in all ihrer Vielfalt, im Wandel der Zeit und im Spiegel verschiedener Kulturen (s. S. 36).

ABU DHABI ENTDECKEN

101ad Abb.: © Qasr Al Watan

Willkommen in Abu Dhabi

Abu Dhabi ist eine besondere Stadt, in der der Respekt vor der eigenen Kultur und Vergangenheit die Gegenwart prägt und den Weg in die Zukunft begleitet. Die Golfmetropole ist ein vielseitiges Reiseziel mit imposanten Gebäuden, aufregenden Attraktionen, spannenden Touren und einem prallem Veranstaltungskalender, der Kunst, Kulturevents, Sport, Konzerte und Messen umfasst.

Rund 1,8 Mio. Menschen verschiedener Nationalitäten leben in der noch jungen Stadt Abu Dhabi, die größtenteils auf einer schmalen, knapp 60 km² großen Golfinsel liegt. In der heutigen Öl- und Finanzkapitale der Golfregion erinnert nur noch wenig daran, dass hier nur eine Generation zuvor fast nur Sand war, auf dem sich Fischerhütten und Beduinenzelte um die wenigen Wasserquellen gruppierten, ganz ohne Strom und Kanalisation.

Mehrere Brücken – drei davon allein an der schmalen Südostseite – verbinden die Stadt mit dem Festland oder mit Nachbarinseln. Der erste Eindruck lässt mehr auf Manhattan als auf den Orient schließen: **Wolkenkratzer** mit Spiegelglasfassaden, vier- und sechsspurige Straßen, die durch geschmückte Verkehrskreisel miteinander verbunden sind, elegante Boutiquen, Luxushotels und gepflegte Grünanlagen prägen das Stadtbild. Neben formverspielten Hochhäusern sind vor allem die **Grünflächen** sichtbares Zeichen des Wohlstands: Die einst kahle Insel wurde zu einem blühenden Garten, vom unfruchtbaren, braunen Wüstenboden ist kaum mehr etwas zu sehen. Den vielen Parks und Grünanlagen verdankt Abu Dhabi auch seinen Beinamen „Gartenstadt am Golf".

Abu Dhabi ist eine **junge Stadt.** Die moderne Stadtgeschichte begann mit der Entdeckung und Förderung des Erdöls in den 1960er-Jahren. In wenigen Jahrzehnten expandierte das einstige Beduinen- und Fischerdorf zu einer Großstadt mit einem der höchsten Lebensstandards der Welt und zur Öl- und Finanzkapitale der Golfregion.

Abu Dhabi bietet etliche Sehenswürdigkeiten der besonderen Art. Die Vorzeigeseite der Stadt ist die an der schlanken, nordwestlichen Inselseite verlaufende, ca. 7 km lange **Uferstraße Corniche** 1, auf die jeder Besucher früher oder später trifft. Die Corniche fügt sich ein in ein viel fotografiertes Ensemble aus Meeresblau, Parkgrün und Hochhausfunkeln und ist ein Sinnbild für Abu Dhabis aufstrebenden, kosmopolitischen Lebensstil. Auch Abu Dhabis schneller Wandel manifestiert sich hier, alle paar Jahre wechselt die Uferpromenade ihr Gesicht und bietet neue markant geformte Himmelsstürmer. Über die Corniche kommt man auch in das im Nordosten gelegene **Hafenviertel** Zayed Port (s. S. 25) – und weiter auf die Inseln **Saadiyat** (s. S. 35) und **Yas** (s. S. 39). Landeinwärts schließen sich im Nordosten die innerstädtischen **Geschäftsviertel** wie Al Danah, Al Hosn und Al Zahiyah sowie im Südwesten die **Villenviertel** Al Khalidiyah, Al Khubeirah und Al Bateen an die Corniche an.

Abu Dhabi ist in den letzten Jahren schnell gewachsen, sowohl in Richtung Meer als auch in die Wüste – und in den Himmel. Neubauviertel dehnen sich ins Landesinnere Richtung Wüste aus, aber auch die Besiedlung von bislang unbewohnten Inseln schreitet stetig voran.

100ad Abb.: kk

Kurztrip nach Abu Dhabi

Dem Besucher bietet Abu Dhabi eine Vielfalt an Möglichkeiten von Entdeckung bis Erholung mit einer Prise Orient und einem Hauch Luxus. In dieser von Sonnenschein verwöhnten Destination verschmelzen die Vorteile von Metropole, Insel, Strand und Wüste. Typisch für Abu Dhabi sind seine futuristischen Tourismusattraktionen.

Das **Zentrum von Abu Dhabi** liegt auf einer Insel, die durch mehrere Brücken mit dem Festland verbunden ist. Um diese Hauptinsel gruppieren sich weitere natürliche Eilande, die noch vor gar nicht allzu langer Zeit allesamt kahl und unbewohnt waren – einige von ihnen erleben eine urbane Erschließung, etwa Saadiyat (s. S. 35), Yas (s. S. 39), Al Maryah und Al Reem (beide s. S. 44).

Für diejenigen, die Abu Dhabi nur ein oder zwei Tage besuchen, folgt als Auftakt eine **Planungshilfe**, um die Sahnestücke von Abu-Dhabi-Stadt nicht zu verpassen. Aber auch diejenigen, die länger bleiben, können ihre ersten Urlaubstage so gestalten.

⌃ Abu Dhabis Zentrum liegt an der Nordwestküste der gleichnamigen Insel

« Vorseite: Ein Teil des herrlichen Präsidentenpalastes namens Qasr Al Watan 2 *steht Besuchern offen*

Vorausplanungstipps

Wenn möglich, sollte man keinen der im Folgenden beschriebenen Besichtigungstage auf einen **Freitag** legen, da dann viele **Sehenswürdigkeiten geschlossen** haben. Wer das 2-Tages-Programm mitmachen möchte, sollte spätestens am ersten Tag die Führung im Falken-Krankenhaus 20 für den Nachmittag des zweiten Tages buchen.

Wenn die Reiseplanung nur einen eintägigen Abu-Dhabi-Aufenthalt zulässt oder es zu heiß sein sollte, um sich lange draußen aufzuhalten, könnte man auch eine Tagestour mit dem **Big Bus** (s. S. 115) unternehmen, denn er ist im unteren Teil klimatisiert und fährt alle bedeutenden Sehenswürdigkeiten als Rundtour an. Man kann aussteigen, wo man möchte, und später wieder weiterfahren.

Auch eine **Sightseeingtour mit dem Linienbus** (s. S. 116) ist möglich – eventuelle Unannehmlichkeiten bei der Fahrt mit öffentlichen Verkehrsmitteln werden durch den unschlagbar niedrigen Preis wettgemacht.

Tag 1: Abu Dhabi Stadtzentrum

Am ersten Tag stehen der **nordwestliche Küstenstreifen der Hauptinsel** und **das Geschäftszentrum** im Fokus. Die Gesamtstrecke (ca. 15 km) wäre für lauffreudige Reisende zwar zu bewältigen, aber im Hinblick auf wahrscheinlich heiße Tagestemperaturen sollte man zwischendurch ruhig ein Stück Taxi fahren (bzw. Leihwagen). Die einzelnen Stationen sind auch motorisiert zu erreichen. Entlang der Uferstraße **Corniche** 1, die man im weiteren Verlauf erreicht, kann man prima per ausgeliehenem Fahrrad oder Elektroscooter auf einem Radweg fahren (s. S. 20).

Wer sich alle Sehenswürdigkeiten ausgiebig ansieht, lange Pausen macht und zudem den Spaziergang (s. S. 15) unternimmt, wird vermutlich erst am Abend zurück in seiner Unterkunft sein.

Es lohnt sich, frühmorgens zu starten. Zuerst empfiehlt sich der Besuch des im Nordosten der Hauptinsel gelegenen Hafenviertels **Zayed Port** (s. S. 25) bzw. seiner Märkte. Dieser im Umbau befindliche Teil Abu Dhabis beherbergt eine **Fischmarkthalle** 7, einen Obst- und Gemüsemarkt, einen Dattelmarkt, einen **Teppichmarkt** (s. S. 68) und die Marktviertel **Meena Market** 7. Im **Dhau-Hafen** 7 kann man sich die gleichnamigen, traditionellen Holzboote der Region ansehen, während im Hintergrund die verspiegelten Hochhäuser der Innenstadt in den Himmel ragen. Sie stehen entlang der Uferstraße **Corniche** 1, der Schauseite der Stadt.

Als nächstes geht es mitten hinein in **Abu Dhabis City** (s. S. 27), in den geschäftigen Stadtteil **Al Danah**, der im Volksmund **„Al Markaziyah"**, „das Zentrum", genannt wird. Der **Capital Park** (s. S. 71) ist eine grüne Ruheinsel mitten im Zentrum, von hier aus kann man beispielsweise ein kurzes Teilstück der Hamdan Bin Mohammed St. oder der Khalifa Bin Zayed The First St. erkunden. Wer dazu keine Lust hat, kann eine Rast im Capital Garden einlegen.

Die nächsten drei Sehenswürdigkeiten sind schon der Anfang des **Stadtspaziergangs**, der insgesamt knapp 7,5 km lang ist. Die Route wird auf S. 15 genau beschrieben und ist auch auf dem Faltplan eingezeichnet.

Wer keine Lust mehr hat, kann nach dem Besuch von jeder der beiden folgenden Sehenswürdigkeiten in wenigen Gehminuten direkt zur Küste gehen, um den Tag an der **Corniche** abzuschließen (z. B. im Park oder am Strand).

Doch zunächst steht ein Besuch des **WTC Souq** 8 an. Er liegt zwischen den drei Straßen Hamdan Bin Mohammed St., Khalifa Bin Zayed The First St. und Shaikh Rashid Bin Saeed St. (die als Airport Rd bekannt ist). Unübersehbar ist der WTC Souq auch durch die beiden ihn flankierenden Spiegelglas-Hochhäuser – sie sind die höchsten weit und breit. Alle Gebäude zusammen bilden das World Trade Center (WTC), zu dem auch die WTC Mall (s. S. 68) gehört.

Nur einen Häuserblock weiter steht das einzige historische Gebäude der Stadt, das um 1793 erbaute **Qasr Al Hosn** 9, das als Museum Besuchern offen steht. Das angeschlossene **House of Artisans** führt traditionelle Handwerksarbeiten vor.

In wenigen Gehminuten erreicht man von hier die Uferpromenade der Stadt, die **Corniche** 1. Diese ca. 7 km lange Schauseite wird von Parks (s. S. 71) und einem langgezogenen öffentlichen Badestrand gesäumt (s. S. 74). Hier kann man eine Pause einlegen, auch schattige Sitzbänke, Cafeterias, Eisstände und Toiletten sind vorhanden. Spazierwege und eine Fahrradspur flankieren die Uferstraße.

Im Südwesten der Corniche (direkt hinter dem Abzweig einer Zubringerstraße zur meeresumspülten Wellenbrecherhalbinsel, engl. Breakwater) fällt das **The Founder's Memorial** 3 ins Auge. Abends offenbart sich hier ein riesiges 3D-Kunstwerk, welches das Porträt des Gründungsvaters der V.A.E. zeigt. Dahinter dehnt sich unübersehbar und in bester Strandlage das **Emirates Palace Mandarin Oriental Hotel** (s. S. 19) aus. Dieses kuppelgekrönte Nobelhotel wird abends aufwendig illuminiert und man kann den Goldglanz im Inneren schon erahnen. Am westlichen Ende der Corniche, auf einer Halbinsel namens Al Ras al Akhdar, kann man im **Qasr Al Watan** 2 Einblicke ins Innere eines echten Präsidentenpalastes gewinnen, denn dieser Prunkbau – samt seiner Gartenanlagen – steht nicht nur den Landesherren und deren Staatsgästen offen, sondern auch normalen Touristen!

Auf der **Wellenbrecherhalbinsel**, die sich quasi gegenüber dem Corniche Beach befindet (s. S. 23), bieten sich schöne Aussichts- und Fotospots. Sehenswert ist dort das **Heritage Village** 6, eine Art Nachbau eines traditionellen Dorfes, das der Präsentation des emiratischen Kulturerbes dient. Dort steht auch die letzte Sehenswürdigkeit des Tages, die **Marina Mall** 5. Alle, die noch nicht genug vom Shoppen haben, können sich hier den Einkaufsfreuden hingeben. Die Mall bietet aber auch andere Freizeitmöglichkeiten und ein großes gastronomisches Angebot.

Abends lohnt es, den Tag mit einen Dinner auf einem traditionellen **Holzschiff**, Dhau genannt, abzuschließen (s. S. 58). Beim Schlemmen hat man herrliche Ausblicke auf die Skyline der Corniche im Abendlicht. Die Rundfahrten starten um 19.30 Uhr im Hafenbecken des Abu Dhabi International Marine Sports Club, gegenüber vom Haupteingang der Marina Mall 5.

Taxis oder Busse bringen einen von dort zurück zur Hauptinsel.

Tag 2: Abu Dhabi Großraum

Die Ziele dieses Tages umfassen den **Großraum Abu Dhabi** und erstrecken sich über mehrere Inseln, d. h. heute ist es unabwendbar, sich motorisiert fortzubewegen. Empfehlenswert sind dabei Taxis oder Leihwagen – öffentliche Busse eignen sich nur eingeschränkt (Busrundfahrtvorschlag mit Hop-on-Hop-off-Tour, s. S. 115, jedoch weichen Busroute und dieses Tagesprogramm voneinander ab).

Tag 2 beginnt auf der **Insel Saadiyat** (s. S. 35), einer angehenden Top-

102ad Abb.: kk

Ein traditionelles Holzschiff – Dhau genannt – vor der Skyline der Corniche 1

Kulturdestination Abu Dhabis. Ab der Innenstadt – also dem nordwestlichen Teil der Hauptinsel – kann man über die Uferstraße Corniche 1 vorbei am Hafenviertel Zayed Port (s. S. 25) über die Shaikh-Khalifa-Brücke auf der Autobahn E12 dorthin fahren.

Am östlichen Ende der Brücke erblickt man direkt beim Erreichen der Insel schon die bedeutendste Sehenswürdigkeit von Saadiyat (links): Das **Louvre Abu Dhabi Museum** 13 wird von einer riesigen, ornamentbestückten Kuppel gekrönt. Dieses Weltklassemuseum ist das Prunkstück des in Bau befindlichen Saadiyat Kulturdistrikts, der in Zukunft mit weiteren berühmten Museen wie z. B. dem Guggenheim auftrumpfen wird (s. S. 90).

Wer möchte, kann dort das **Kunstzentrum Manarat Al Saadiyat** (s. S. 52) besuchen. Der Norden von Saadiyat bietet zudem herrlich gelegene, dünengesäumte **Badestrände.** Im Süden der Insel liegen diverse Neubauareale.

Die Autobahn E12, der Shaikh Khalifa Bin Zayed al Nahyan Highway, führt über kleinere mangrovenbestandene Eilande zu einer weiteren städtebaulichen Neuentwicklung Abu Dhabis, der **Insel Yas** (s. S. 39). Yas ist eine Sport- und Spaßinsel und wegen der Formel-1-Rennbahn, dem **Yas Marina Circuit** (s. S. 43), berühmt. Ein architektonisches Highlight ist das in die Rennbahn integrierte **Hotel W Abu Dhabi – Yas Island** (s. S. 124). Seine geschwungene Fassade, die sich aus rund 5000 wabenförmigen Glasscheiben zusammensetzt, ist einmalig und erinnert an einen geschliffenen Diamanten. Wie ein riesiger Wal – andere sehen darin ein gelandetes Raumschiff – ragt das Hotel aus der Rennbahn heraus. Der **Jachthafen Yas Marina** (s. S. 40) steht Besuchern offen und bietet Freizeitaktivitäten und Restaurants.

Auf Yas könnte man z. B. einen ganzen Tag in einem der Vergnügungsparks verbringen – Wasserratten finden Gefallen an der **Yas Waterworld** (s. S. 43). Familien besuchen gerne die facettenreichen Unterwasserwelten von **SeaWorld Abu Dhabi** (s. S. 42), den kunterbunten Indoor-Freizeitpark **Warner Bros. World Abu Dhabi** (s. S. 42) oder die

Das gibt es nur in Abu Dhabi

- Die **größte Moschee des Landes** 12: Die Shaikh Zayed Grand Mosque wurde zu Ehren des Staatsgründers erbaut und steht Besuchern zur Besichtigung offen.
- Ein **Souq im Hochhausschatten:** Neben dem höchsten Gebäude Abu Dhabis duckt sich der neo-arabische WTC Souq 8.
- Die **schnellste Achterbahn der Welt:** Sie beschleunigt in 4,9 Sekunden auf 240 km/h (s. Ferrari World, S. 42).
- Das **luxuriöseste Hotel des Landes:** Das Emirates Palace Mandarin Oriental bietet Butler-Service und Blattgold-Dekor (s. S. 19).
- Ein **Laufsteg zwischen Mangroven:** Die Wälder Abu Dhabis im Jubail Mangrove Park lassen sich trockenen Fußes erkunden (s. S. 72).
- **Sanddünenski und Schneeballschlacht am selben Tag:** Nach einem Wüstenausflug (s. S. 50) kann man sich im Schneepark Snow Abu Dhabi 17 abkühlen.
- **Kirche, Moschee und Synagoge Seite an Seite:** Das Abrahamic Family House 14 eint die drei Buchreligionen.
- Das **größte und artenreichste Multi-Spezies-Aquarium der Region:** SeaWorld Abu Dhabi (s. S. 42) zeigt die Vielfalt des Meereslebens.
- **Publikumsfreundlicher Präsidentenpalast:** Qasr Al Watan 2 öffnet seine Tore für Staatsempfänge und Touristen.
- **Lichterregen unter Riesenkuppel:** Kunst der Extraklasse präsentiert der weltweit zweite Louvre 13 im imposanten Sonnenstrahlenspiel.
- **Formel 1 im Wüstensand:** Die rasantesten Rennwagen ziehen alljährlich im November auf dem Yas Marina Circuit (s. S. 43) ihre Runden.
- Ein **Falkenkrankenhaus** 20: Hier werden nicht nur kranke Falken verarztet, sondern auch Touristen empfangen.

Ferrari World (s. S. 42) – in letztgenannter kommen auch erwachsene Adrenalinjunkies und Rennsport-Fans auf ihre Kosten. Alle Parks warten mit rekordbrechende und familienfreundliche Attraktionen auf.

Mitten auf Yas steht die **Yas Mall** 16, in der man mannigfaltige Einkaufs- und Gastronomieangebote nutzen kann.

Im Süden der Insel bieten etliche Hotels Übernachtungsgelegenheiten und die **Yas Bay Waterfront** 15 lädt an seiner Uferpromenade zum Spazieren und Schlemmen oder zum Sonnenuntergangs-Drink ein. Strandclubs wie Café del Mar (s. S. 73) und Yas Beach (s. S. 75) bieten tagsüber entspannende Badestunden und abends lebhafte Partys an. Hier führt der Yas-Tunnel zum Festland.

Ab der Festlandseite des Tunnels ist es nicht weit nach **Masdar City** (s. S. 47), einem einzigartigen Neubaustadtteil gegenüber vom Internationalen Flughafen. In diesem Vorbild-Viertel legt man Wert auf möglichst nachhaltigen und ökologisch verträglichen Städtebau. Interessierte können sich den **Campus des Masdar Institute of Science and Technology** ansehen. Auf dem Gelände übernehmen futuristisch anmutende Kabinenwagen den Personentransport.

Wer eine nachmittägliche Führung im **Falcon Hospital** 20 gebucht hat, kann einen Abstecher dorthin gut von Masdar City aus in das Tagesprogramm integrieren.

Alle anderen können die Küste von **Al Raha** entlang fahren und über die dortigen Bautätigkeiten staunen. Auf 11 km Länge entstehen zwölf Neubauviertel, in denen nach ihrer Fertigstellung 120.000 Menschen wohnen sollen. Die Wohngebiete von Al Zeina, Al Muneera und Al Bandar sind schon vollendet, Al Dana und Al Seef nehmen Gestalt an. Kleine, künstliche Inseln und der geschwungene Al Raha Kanal sorgen für ein einzigartiges Setting. Strandpromenaden mit Gastronomiebetrieben und Geschäften stehen Besuchern meist offen, Badestrände sind jedoch nur für Anwohner zugänglich. Markant ist das Hauptquartier des Projektträgers Aldar, das als diskusförmiges Spiegelhochhaus nahe der Al Raha Mall (s. S. 67) funkelt.

Kurz bevor man das Festland verlässt, um zur Abu-Dhabi-Hauptinsel zu fahren, bietet sich im Stadtteil Al Maqta' ein Besuch von **The Souk at Qaryat Al Beri** 18 an. In diesem stilvollen neo-arabischen Einkaufszentrum kann man nicht nur in klimagekühlter Atmosphäre Schaufenster gucken oder shoppen, sondern auch abwechslungsreich essen. Der Souq liegt am Ufer des Al-Maqta'-Kanals, der das Festland von der Abu-Dhabi-Insel trennt – daher kann man hier in Gastronomiebetrieben am Kanalufer speisen. Spätnachmittags und abends schippern motorisierte Abra-Holzboote auf dem Kanal umher und verbinden beide Ufer miteinander (s. S. 46). Am Kanal zu speisen empfiehlt sich für alle diejenigen, die die bedeutende Sehenswürdigkeit **Shaikh Zayed Grand Mosque** 12 in schönster mondphasen-angepasster Abendbeleuchtung sehen möchten (bis 22 Uhr geöffnet). In Al Maqta' liegt auch das Wohn- und Freizeitviertel **Al Qana** 19 beidseitig des gleichnamigen Kanals. Das **National Aquarium** ist Teil davon und einen Besuch wert. Ansonsten kann man auch hier an weitläufigen Uferwegen spazieren und essen gehen.

Vom Festland führen drei Brücken über den Al-Maqta'-Kanal auf Abu Dhabis Hauptinsel. Es ist einerlei, welche man zum Überqueren wählt, denn das nächste Ziel ist nicht weit und unverfehlbar: Die riesige, blütenweiße **Shaikh Zayed Grand Mosque** 12 ragt mit ihren sechs Minaretten in den Himmel. Als eine der seltenen Ausnahmen darf das Innere dieses Prachtbaus auch von Nichtmuslimen betreten werden. Ein Besuch ist unbedingt zu empfehlen! Man kann überlegen, ob man dies lieber bei Tageslicht oder bei Abendlicht tun möchte, da die Moschee dann aufwendig illuminiert wird. Wer die Besichtigung lieber abends unternehmen möchte, könnte wie vorne beschrieben am Kanal Al Maqta' ein Abendessen vorziehen.

103ad Abb.: kk

Stadtspaziergang

Der folgende Spaziergang (knapp 7,5 km) führt den Besucher an verschiedenen **Sehenswürdigkeiten im Zentrum** an der Nordwestseite der Hauptinsel vorbei – also auch an der vielgerühmten **Corniche** 1.

Bei **großer Tageshitze** sollte man am späten Nachmittag starten und in den Abend hineinspazieren. Je nachdem, wie spät man startet, kann es empfehlenswert sein, **ein Teilstück mit dem Taxi** zu fahren, z.B. entlang der Corniche. Dort kann man sich auch ein **Fahrrad** oder einen **E-Scooter mieten** (s.S. 20). Mit beiden darf man nur auf Radwegen fahren, also auch entlang der Uferpromenade. Immer wieder gibt es Cafés, Eisdielen oder Imbisse am Wegesrand, die zu einer Pause einladen. Der Endpunkt dieses Spaziergangs ist die **Marina Mall** 5, wo man zum Abschluss essen oder einkaufen gehen kann. Hier findet man auch Taxis und Busse, um zurück zur Hauptinsel oder zu seiner Unterkunft zu kommen.

Als weitere Empfehlung kann man sich diesen Spaziergang – ob mit oder ohne Fahrstrecke(n) dazwischen – auch **auf zwei Tage aufteilen:** am ersten Tag Besichtigung der Innenstadt rund um **WTC Souq** 8 und am zweiten Tag Besuch der **Corniche** 1 mit angeschlossener Breakwater-Halbinsel (s.S. 23).

Startpunkt des Spaziergangs ist der **WTC Souq** 8. Das historische, aber heute neumodisch designte Marktherz Abu Dhabis liegt mitten im Geschäftszentrum der Stadt. Um diese Neuadaption eines orientalischen

Abu Dhabis Skyline mit dem vorgelagerten Corniche Beach 1

Routenverlauf im Stadtplan
Der hier beschriebene Spaziergang ist mit einer farbigen Linie im Stadtplan eingezeichnet.

Souqviertels zu erschaffen, wurden – typisch für Abu Dhabi – Tradition und Moderne miteinander verbunden und es werden überwiegend klassisch arabische Waren, aber auch Souvenirs feilgeboten. Angegliedert ist die WTC Mall mit hochpreisigen Geschäften (s.S. 68).

Nun sind es nur wenige Gehminuten zur Shaikh Rashid Bin Saeed St. (Airport Rd), in deren Mitte sich der **Al Etihad Square** [F2] befindet. Der grün bepflanzte Platz an sich ist keine Sensation, kurios sind aber die riesigen weißen Skulpturen: Hier sind u.a. Weihrauchbrenner, Rosenwassersprenkler und weitere traditionelle Gegenstände in Stein gebannt.

Folgt man der Hamdan Bin Mohammed St. nach Westen, erreicht man kurze Zeit später das einzige historische Bauwerk dieser modernen Orientmetropole: das 1793 erbaute **Qasr Al Hosn** 9, das für viele als historisches, aber auch kulturelles Herz der Stadt gilt und als Museum Besuchern offensteht. Lohnenswert ist auch ein Besuch des nebenan gelegenen **House of Artisans**, in dem traditionelle Handwerksarbeiten vorgeführt werden. Folgt man danach der Hamdan Bin Mohammed St. nach Südwesten, so erreicht man einen familienfreundlichen Parkbereich namens **Family Park**, der einen Teil der **Corniche** 1 säumt. Auf diese Uferstraße zu geht es nun weiter durch diesen Park und ab der Mubarak Bin Mohammed St., einer auf die Corniche mündenden Querstraße, folgt der Spaziergang der

> MEIN TIPP
>
> **Stadterkundung per Linienbus**
>
> Wer keine Lust hat, bei heißen Temperaturen zu Fuß unterwegs zu sein, kann auch mit – klimatisierten – Linienbussen Abu Dhabi erkunden. **Vorschläge** hierfür finden sich auf Seite 116.

Corniche. Orientierungsschwierigkeiten sollten ab hier nicht entstehen und man kann entspannt bummeln und die Atmosphäre an dieser Schauseite der Stadt genießen.

An der seewärts gerichteten Seite der Corniche kann man entlang des **Corniche Beach** (s. S. 74) bzw. dem Strandabschnitt **A'l Bahar** weiterbummeln. Verschiedene öffentliche Strandbereiche bieten Umkleidekabinen, Toiletten und Gastronomiebetriebe. Auf dem letzten Stück liegen Hotel-Strandclubs (u. a. der Nation Rivera Beach Club vom The St. Regis Abu Dhabi und West Bay vom Radisson Blu Hotel & Resort).

Hier zweigt von der Corniche nach Norden (rechts) eine Straße zur Wellenbrecherhalbinsel ab. Und hier steht auch **The Founder's Memorial** 3, eine gartengesäumte Gedenkstätte zu Ehren des Staatsgründers der V.A.E.

Dahinter, kurz nach diesem Abzweig, fällt der Blick auf einen pompösen, palastgleichen Kuppelbau samt Garten, Poollandschaft und langem Privatstrand. Es handelt sich bei diesem Gebäudkomplex um das **Emirates Palace Mandarin Oriental Hotel** (s. S. 19).

Würde man der Corniche nach Westen folgen, käme man zum 150 Hektar riesigen Gelände des prunkvollen Präsidentenpalasts, von dem der Bereich **Qasr Al Watan** 2 Besuchern offensteht.

Der Spaziergang führt zur **Wellenbrecherhalbinsel** (genannt Breakwater bzw. Al Kasir, s. S. 23), zu der ab dem The Founder's Memorial die King Salman Bin Abdulaziz al Saud St. samt breiten Fußgängerwegen hinüberführt. Beide Bürgersteigseiten bieten schöne Stadtansichten und fantastische Fotomotive – abends ist alles hell beleuchtet.

Erreicht man die Wellenbrecherhalbinsel, so flankieren zwei Spring-

007ad Abb.: kk

brunnen die Straße. Geradeaus sieht man das Ziel dieses Spaziergangs, die **Marina Mall** ⑤, die man von hier aus binnen weniger Gehminuten nach Norden erreicht. Hier kann man essen, trinken, shoppen oder eine Pause machen. Neben der Mall fahren diverse Buslinien zu verschiedenen Zielen zurück zur Hauptinsel.

Wer möchte, spaziert ab den Springbrunnen direkt am Ufer entlang der Al Kasr St. noch knapp 500 Meter nach Westen, um einen besseren Ausblick auf das Emirates Palace Mandarin Oriental Hotel und den **Palast Qasr Al Watan** ② zu genießen. Hinter der Al Kareem Moschee beginnen Villenviertel, die jedoch nicht öffentlich zugänglich sind.

Ab den Springbrunnen kann man zudem der Sackgassen-Straße Al Alam St. nach Osten über einen engen Damm folgen. Direkt hinter dem Brunnen erreicht man ein hinter einem runden Wehrturm gelegenes **Gastronomie-Quartett**, dessen Außenterrassen mit einer einmaligen Aussicht auf die Skyline der Corniche ① beeindrucken. Smitch serviert Seafood, Bill's Farm Steaks, Casper & Gambini's internationale Kost und Hookah ist eine Wasserpfeifen-Lounge (zu allen vier Restaurants s. S. 24). Gegenüber kann man im Schnellrestaurant Buffalo Wild Wings (s. S. 57) oder im Havana Café & Restaurant einkehren – erstgenanntes ohne besondere Aussicht, zweitgenanntes mit Blick auf die benachbarte Hafenbucht.

Circa 1 km hinter den Springbrunnen erreicht man das **Heritage Village** ⑥, in dem Besucher die Kultur und Traditionen der V.A.E. kennenlernen können. Kurz dahinter endet die Al Alam Street an einem hohen Mast mit riesiger Landesflagge, einem beliebten Aussichts- und Fotografierpunkt.

Hauptinsel

In den Zeiten vor dem Ölboom standen auf der Hauptinsel nur einige wenige aus Palmwedeln zusammengesteckte Fischerhütten ohne Strom und Kanalisation. Heute erinnert der erste Eindruck eher an Manhattan als an Orient.

Wolkenkratzer mit schimmernden Spiegelglasfassaden, riesige Einkaufszentren und renommierte Luxushotels prägen das Stadtbild. Der Ölreichtum ist allgegenwärtig, neben den Hochhäusern sind auch die **Grünanlagen** ein sichtbares Zeichen des Wohlstands. Die einst kahle Insel wurde zu einem grünen Garten, vom unfruchtbaren Wüstenboden ist kaum mehr etwas zu sehen. Den vielen Parks und Grünanlagen verdankt Abu Dhabi zu Recht seinen Beinamen – „Gartenstadt am Golf".

An den Ufern im Nordosten (Shaikh Zayed Bin Sultan St.) und im Südwesten (Al Khaleej al Arabi St.) sowie im Zentrum der Hauptinsel (Airport Rd = Shaikh Rashid Bin Saeed St.) führen **Hauptverbindungsstraßen** aufs Festland, aber auch etliche weitere Inseln sind an die Stadt angeschlossen. Die City wird von einem **Gitternetz** aus zwei- bis vierspurigen Straßen durchzogen, die durch begrünte oder mit Denkmälern geschmückte Verkehrskreisel miteinander verbunden sind.

◁ Schattensegel überspannen den Fußweg der Corniche ①

104ad Abb.: kk

Küstennähe

Ein für Touristen wichtiger Teil Abu Dhabis umfasst die Uferstraße und das angrenzende Stadtzentrum im Nordwesten der Hauptinsel. Hier befinden sich Flanierpromenaden, Badestrände, Sehenswürdigkeiten, Einkaufsmöglichkeiten und Hotels. Die Uferstraße, die **Corniche** 1, ist die wichtigste, prächtigste und sehenswerteste Straße. Den nordöstlichsten Abschluss der Hauptinsel bildet das Hafenviertel **Zayed Port** (s. S. 25), den westlichsten die vom Präsidentenpalast eingenommene Halbinsel **Al Ras al Akhdar.** Im Südosten schließt sich das **Geschäftszentrum** an und jenseits des Meeres ist es nicht weit bis zur **Wellenbrecherhalbinsel** (Breakwater, S. 23) und zur – unbebauten – **Insel Lulu.** Beide sind künstlich aufgeschüttet und sollen die Uferpromenade vor einer stürmischen Wucht der Wellen schützen.

1 Corniche ★★★ [F2]

Abu Dhabis Corniche, die Uferstraße, ist knapp sieben Kilometer lang und die auf vielen Selfies und Werbefotos abgebildete Schauseite der Stadt. Sie begrenzt die Insel im Nordwesten – zwischen Meer und Straße liegen Flanierwege, Grünanlagen und Strände.

Zur Inlandseite schließen sich die **Geschäftsareale** um Al Hosn und Al Danah sowie die **Villenstadtteile** Al Khalidiyah, Al Khubeirah und Al Bateen an. Gläserne, verspiegelte Apartmenthochhäuser und Bürotürme dominieren die **Skyline.** Die meisten Himmelsstürmer beherbergen Regierungsstellen, Banken, Ölgesellschaften, Firmenhauptsitze und Luxushotels oder -apartments.

Aussichtspunkt auf der Wellenbrecherhalbinsel

Am **nordöstliche Ende** der Prachtstraße, Richtung Hafen, befindet sich das Sheraton Abu Dhabi Hotel & Resort (s. S. 124). Bis 2009 lag das Hotelgebäude direkt am Strand, doch dann wurde Neuland aufgeschüttet und eine Badebucht sowie Parkanlagen angelegt.

Am anderen Ende, dem Uferbereich vor dem Abzweig zur Wellenbrecherhalbinsel, gibt es **Hotel- und Strandclubs** und einen ausgedehnten **öffentlichen Badestrand**, der **Corniche Beach** (s. S. 74) genannt wird. Die Badeareale sind in Zonen eingeteilt. Schilder verkünden die geltenden Regeln. Immer wieder laden **Cafés, Imbisse, Eisdielen, Fruchtsaftshops** und ein paar Restaurants zur Rast ein, insbesondere in den Bereichen A'l Bahar, Al Sahil und Public Beach.

Das kurz hinter dem Abzweig zur Wellenbrecherhalbinsel gelegene prunkvolle Emirates Palace Mandarin Oriental Hotel (s. unten) dominiert das westliche Ende der Corniche. Hinter dem Hotel liegt die **Halbinsel Al**

MEIN TIPP

Emirates Palace Mandarin Oriental Hotel

Das Emirates Palace Mandarin Oriental ist mehr als ein Hotel, es ist ein Märchenpalast. Kenner bezeichnen es als die exquisiteste Herberge der Welt. Allein schon die Außenansicht des Gebäudes beeindruckt: Die abends aufwendig illuminierte Fassade wird von 114 mit Goldintarsien und Mosaiken verzierten Kuppeln gekrönt, die 60 Meter hohe Zentralkuppel sprengt die Ausmaße des Petersdoms in Rom.

Das familienfreundliche Resort liegt an einem 1,3 km langen Privatstrand mit Jachthafen und Hubschrauberlandeplätzen und ist eingebettet in eine riesige, üppig grüne Parkanlage mit 6,5 km langen Spazierwegen.

Doch noch imposanter ist das Hotel im Inneren: Über eintausend Swarovski-Leuchter erhellen die Pracht der eleganten Ausstattungsstücke aus Ebenholz, Seide, Silber und Kristall, die sich in mehr als 100.000 Quadratmeter Marmorfußboden widerspiegeln. Dieser Glanz wird vom allgegenwärtigen Blattgoldüberzug unterstrichen.

Acht Restaurants bieten eine Vielzahl von Leckereien, die von renommierten Köchen kredenzt werden. Das Resort verfügt zudem über einen großzügigen Spa-Bereich, zwei Pools und einen Kinderclub. Gäste können vielerlei Sport- und Fitnessarten ausüben, zum Beispiel Wassersport, Strandausritte, Yoga, Fußball oder Radfahren.

🏨1 [A2] **Emirates Palace Mandarin Oriental Hotel** €€€€€, Al Ras al Akhdar, 173 King Abdullah Bin Abdulaziz al Saud St. (Corniche), Tel. 6909000, www.mandarin oriental.com

› Tipp für Zaungäste: Das Hotel bietet eine einstündige **Führung** an, bei der man die Zentralkuppel sowie eine Suite, den Ballsaal oder das Auditorium sehen kann („Private Tour", 150 Dh pro Person, Reservierung erbeten). Beim zweistündigen Nachmittagstee kommt man in den Genuss von feinsten Gaumenfreuden in eleganter Umgebung (Afternoon Tea, 485 Dh pro Besucherpaar, Reservierung erbeten). Zudem können auch die Cafés und Restaurants von Nicht-Hotelgästen besucht werden. Das Café by the Fountain liegt umgeben von Springbrunnen im Hotelvorgarten mit Blick auf die Skyline. Gegen Zahlung einer Tagesgebühr kann der Strandclub genutzt werden. Im Hotel finden vielerlei öffentliche Veranstaltungen wie Konzerte und Theateraufführungen statt.

Ras al Akhdar. Die komplette Halbinsel wird vom feudal-opulent ausgestalteten Präsidentenpalast samt all seiner Kuppelgebäude und Gartenanlagen eingenommen. Ein Teil davon, der **Qasr Al Watan** 2, ist in all seiner Herrlichkeit zu besichtigen.

Bunt bemalte Unterführungen führen Fußgänger von der Seeseite auf die dem Land zugewandte Seite der Uferstraße, zu den einzelnen Bereichen des **Corniche Park**, der durch Landgewinnung dem Meer abgetrotzt wurde und als Stolz der Stadt gilt. Mit gepflasterten Spazier- und Radwegen, schattigen Parkbänken, Skaterbahnen, Wasserspielen, Brunnen, Blumenbeeten, Irrgärten, Cafeterias, Spielplätzen sowie Seen bietet der Park stadtnahe Erholung für jedermann. Frühmorgens und abends absolvieren Jogger ihr Training, andere fahren Rad oder Scooter. Auch die Abendstunden sind eine beliebte Zeit zum Spazieren oder Picknicken – die Corniche ist durch unzählige Laternen hell erleuchtet.

Doch bei aller Schönheit ist die Corniche auch eine sechsspurige **Schnellstraße** und bietet die beste Querverbindung von der nordöstlichen zur südwestlichen Seite der Innenstadt. An beiden Enden beginnen weitere Schnellstraßen, die zum Festland führen. Auch die Shaikh Rashid Bin Saeed St. (Airport Road), welche die Uferstraße etwa in ihrer Mitte kreuzt, führt dorthin.

› **Rad- und Fußweg:** Entlang der Corniche sind getrennte Rad- und Fußwege markiert.
› **Fahrrad- und E-Scooterverleih:** Byky (s. S. 113) verleiht Fahrräder, E-Scooter und erwachsenentaugliche Gokarts (ideal, wenn man als Familie seinen Spaß haben möchte), Standorte z. B. beim Gate 6 (15–23 Uhr) sowie beim Public Beach Maydan (10–23 Uhr). Auch Fahrräder und Scooter der App-basierten Verleihfirmen Careem BIKE und Fenix Gulf Scooters (beide s. S. 113) finden sich an der Corniche an diversen Andockstationen, z. B. Public Beach Maydan.
› Die Corniche kann man auch von der Seeseite per **Boot** betrachten (s. S. 46), besonders empfehlenswert sind **Dinner-Cruises** (s. S. 58).

2 Qasr Al Watan ★★★ [am]

Dieser prächtige „Palast der Nation“ ist Teil des riesigen, die gesamte Halbinsel Al Ras al Akhdar einnehmenden präsidialen Arbeits- und Empfangspalastes und – einmalig in den V.A.E. – er steht Besuchern offen! Man erhält Einblick in Säle, in denen normalerweise offizielle Gipfeltreffen oder Bankette abgehalten werden, und kann wertvolle Geschenke von ausländischen Staatsoberhäuptern und Würdenträgern bestaunen.

Das 150 Hektar große Gelände des monumentalen Präsidentenpalasts mit seinen vielen kuppelgekrönten, blendend-weiß marmorverkleideten Gebäuden beherbergt u. a. die offiziellen Büros des Präsidenten der V.A.E. (His Highness Shaikh Mohamed bin Zayed Al Nahyan). Hier tagen das Kabinett der V.A.E. und der Oberste Rat, welche die höchste konstitutionelle Regierungsautorität innehaben.

Das opulente Interieur des Qasr Al Watan besticht durch großzügigen Goldglanz und herausragende künstlerische Handwerksarbeiten wie fein-

Prachtvolle Ausstattung in der Großen Empfangshalle des Qasr Al Watan

gliedrige Intarsien und Kalligraphien. Nur exquisite Materialien, wertvollstes Mobiliar und Antiquitäten zieren die riesigen Räume und Korridore. Geführte Touren informieren ausführlich.

Die **Große Empfangshalle** (Great Hall) im Zentrum des Palastes misst majestätische 100 m mal 100 m und wird von einer 37 m durchmessenden Kuppel gekrönt. In den Ecken verdeutlichen vier künstlerisch-kubische Spiegelskulpturen architektonische Details. Auffällig ist eine zentral stehende, goldglänzende Kalligraphie-Skulptur, in die Weisheiten des verstorbenen Staatsgründers Shaikh Zayed eingearbeitet sind. Im **Westflügel** können sich Besucher über die Landesgründung, über Regierungsinstitutionen und -traditionen informieren. Zu besichtigen ist auch der **Spirit of Collaboration Sitzungssaal** für – national wie auch international – bedeutsame Besprechungen. Die Diplomatie der Zusammenarbeit spiegelt sich in der runden Raumgestaltung wider, welche die Gleichberechtigung aller Versammlungsteilnehmer symbolisieren und darüber hinaus sicherstellen soll, dass man sich gegenseitig gut sehen und hören kann. Der 12 Tonnen wiegende Kronleuchter besteht aus 350.000 handgearbeiteten Kristallen – er dient nicht nur der „Erleuchtung", sondern auch der Dämpfung von Umgebungsgeräuschen.

Al Barza ist ein 300 Gästen Platz bietender Empfangsraum für politische, kulturelle oder soziale Zusammenkünfte.

Im **Ostflügel** befindet sich ein präsidialer Tagungsraum sowie eine umfangreiche Ausstellung mit seltenen Exponaten zu verschiedenen wissenschaftlichen Themen, zu Kunst und Kultur der arabischen Welt.

Die **Bibliothek** birgt eine umfangreiche Sammlung mit bedeutsamen Büchern und Schriften zu Politik, Geschichte, Gesellschaft, Geografie und Kultur der Emirate.

Abends brilliert Qasr Al Watan im Fokus der beeindruckenden **Licht-,**

130ad Abb.: © Department of Culture and Tourism Abu Dhabi

Video- und Sound-Show „Palace in Motion“, welche in drei Akten die Vergangenheit, Gegenwart und Zukunft der Emirate erzählt (Do., Fr., Sa., 19.30 Uhr, Dauer ca. 15 Min.).

Zur Einkehr findet sich eine **Lounge** und zum Souvenirkauf ein **Geschenkeshop.** Als besonderes Andenken kann man sich sein ganz persönliches Erinnerungsfoto im Medienraum der Palastes anfertigen lassen.

- Al Ras Al Akhdar, 164 King Abdullah bin Abdulaziz al Saud St., 10–18 Uhr, Eintritt: 65 Dh, Tel. 600 544442, www.qasralwatan.ae
- Besucher sollten gebührlich gekleidet sein: mit kurzen Shorts und/oder schulterfreier Oberbekleidung kann der Einlass verwehrt werden. Die Sicherheitsvorkehrungen am Eingang sind gründlich. Sicherheitspersonal und -einrichtungen dürfen nicht fotografiert werden. Ein Shuttlebus fährt Fußmüde über das Gelände.
- Mit zeitweisen Schließungen muss gerechnet werden.

3 The Founder's Memorial ★ [A2]

An der Kreuzung der Corniche mit dem Abzweig zur Wellenbrecherinsel kann man die auch als **Shaikh Zayed Memorial** bezeichnete Gedenkstätte besuchen, die zu Ehren des 2004 verstorbenen Staatsgründers Shaikh Zayed bin Sultan al Nahyan errichtet wurde.

131ad Abb.: kk

Im Willkommenszentrum bietet eine aufschlussreiche Multimediaausstellung die Gelegenheit, etwas über Shaikh Zayed zu erfahren bzw. Erinnerungen an ihn zu wecken. Gratis-Führungen werden angeboten.

Im Zentrum steht „The Constellation“, ein außergewöhnliches **Kunstwerk** aus Kabeln mit 1327 geometrischen Glaskörpern, die ein dynamisches, dreidimensionales Porträt von Shaikh Zayed darstellen. Aus wechselnden Blickwinkeln betrachtet, ergibt sich eine Serie von ineinander übergehenden Sinneseindrücken. Bei Dunkelheit funkeln die Formen wie Sterne. Sie sollen die Zeitlosigkeit von Shaikh Zayeds Philosophien symbolisieren.

Umgeben ist dieses Denkmal von einem **Garten** mit einheimischen Pflanzen, Wasserkanälen, Brunnen, Spazierwegen und Sitzgelegenheiten.

- Breakwater-Zufahrt/Ecke Corniche Rd, 65 King Salman Bin Abdulaziz Al Saud St., www.thefoundersmemorial.ae, Tel. 2222235, 9–22 Uhr, Eintritt: frei

4 Shaikh Zayed Heritage Centre ★ [B5]

Das Zayed Heritage Centre birgt eine **Ausstellung** zu Ehren von Shaikh Zayed Bin Sultan al Nahyan, dem Staatsgründer der V.A.E. und Vater des heutigen Präsidenten, der 2004 verstorben ist.

Der Komplex gleicht einem traditionellen Dorf aus mehreren Häusern. Man bekommt zum einen Einblick in das Leben des als „Vater der Nation“ geliebten Shaikh Zayed und zum anderen auch in die politische und ge-

sellschaftliche **Historie Abu Dhabis.** Neben der Fotogalerie sind vor allem Gegenstände wie Fahrzeuge und Gastgeschenke aus aller Welt ausgestellt. Auf Saadiyat entsteht als weitere Hommage an Shaikh Zayed der riesige, architektonisch einmalige **Neubau** eines Zayed-Nationalmuseums (s. S. 90).

› Zayed Heritage Centre, Marina Al Bateen, 92 Al Quffal St., Tel. 6659555, www.torath.ae, So.–Do. 8–14.30, Fr. 8–12 Uhr, Eintritt: frei

Wellenbrecherhalbinsel (Breakwater/Al Kasir)

Dem südwestlichen Teil der Corniche ❶ *ist eine Wellenbrecherhalbinsel vorgelagert, die Schutz vor tosenden Wellen bieten soll. Alle weiteren Sehenswürdigkeiten mal außen vor gelassen, bietet sich von Breakwater auch ein unschlagbarer Blick auf die Skyline der Stadt.*

Kurz bevor die Corniche das – unübersehbare – Emirates Palace Mandarin Oriental Hotel (s. S. 19) erreicht, zweigt die King Salman Bin Ab-

Historisches Haus mit markantem Windturm im Shaikh Zayed Heritage Centre

Das Founder's Memorial vor dem Hintergrund der Etihad Towers

dulaziz al Saud St. als einzige Straße auf die Wellenbrecherhalbinsel ab, wo man als Erstes die **Marina Mall** 5 sieht. Biegt man kurz vor der Mall an zwei großen Brunnenanlagen auf die einzige nach rechts führende Straße ab, so führt diese vorbei am Abu Dhabi International Marine Sports Club samt kleinem Hafen zum Ende der Wellenbrecherhalbinsel, vorbei am **Heritage Village** 6, wo sich das runde Gebäude des Nationaltheaters und eine riesige Flagge der V.A.E. befinden.

Weitere Bestandteile der Wellenbrecherhalbinsel sind luxuriöse – natürlich von der Öffentlichkeit abgetrennte – Villenwohnviertel.

5 Marina Mall ★★ [B1]

Diese gut besuchte, zeltdachgekrönte Mall bietet über **400 Geschäfte**, mehr als 40 Restaurants und Cafés, einen Foodcourt, einen Carrefour Hypermarket, den Abenteuerpark Air Maniax, das Kinderspielzentrum Magic Planet, den Trampolinpark Bounce und den Battle Park mit Freizeit-, Schieß- und Kampfsportmöglichkeiten.

An der Mall kann man in den **Big Bus** (s. S. 115) zur Stadtbesichtigung steigen, am Haupteingang gibt es einen Infoschalter.

Neben der Mall befindet sich der Abu Dhabi International Marine Sports Club samt Café am Bootshafen. Von hier starten traditionelle Dhau-Holzschiffe und Jachten zu Dinner-Rundfahrten vor der Corniche (s. S. 58). Hinter der Mall dehnt sich eine Siedlung mit **Strandvillen** aus. Hier ragt als Höhepunkt das architektonisch verspielte und durch einen Mittelbogen zweigeteilte **Rixos Marina Abu Dhabi Resort** in den Himmel.

› Breakwater Al Kasir, 337 King Salman Bin Abdulaziz Al Saud St., www.marinamall.ae, Tel. 6812310, Geschäfte geöffnet: So.–Do. 10–22, Fr., Sa. 10–24 Uhr

MEIN TIPP

Kleine Pause

Auf der Wellenbrecherhalbinsel Al Kasir bestechen vier nebeneinander gelegene Restaurants mit **Außenterrassen** und einer einmaligen **Aussicht** auf die Skyline der Corniche 1 (Tel. 6661179, www.pentainvestment.net):

- 2 [B2] **Bill's Farm** €€€, 12–24 Uhr. Steakhouse.
- 3 [B2] **Casper & Gambini's** €€, www.casperandgambini.com, 10–24 Uhr. Internationales Restaurant und Café.
- 4 [B2] **Hookah Lounge** €€, 12–24 Uhr. Kombiniert Coffee Shop mit Wasserpfeifenlounge.
- 5 [B2] **Simitch** €€€, 12–24 Uhr. Mediterranes Seafood-Restaurant.

6 Heritage Village ★ [C2]

Auf der aufgeschütteten Wellenbrecherhalbinsel wird in anschaulicher Weise das Leben in Abu Dhabi in der Zeit vor dem Ölboom dargestellt. Ein wuchtiges, von Festungstürmen flankiertes Holztor bietet Zugang. Innen stehen zu einem Dorf arrangierte **traditionelle Behausungen:** Beduinenzelte aus Ziegenhaar, Hütten aus Palmwedeln und Häuser aus Steinen, die mit Gegenständen des Alltagslebens bestückt sind. Interessant sind die Palmwedelhütten (arab. *bajeel*), die mit einer Segeltuch-Windturmkonstruktion versehen sind, durch die ein Luftzug den Wohnraum durchströmen kann.

Zudem wurde ein kleines **Fort nachgebaut** und als Museum eingerichtet. Hier sind traditioneller Schmuck, Kleidungsstücke, Waffen, Beduinenwerkzeuge, Fischerei- und

106ad Abb.: kk

Perlentaucherutensilien ausgestellt. Eindrucksvoll sind die historischen Fotos, die das bescheidene Beduinen-, Bauern- und Fischerleben, das nur eine Generation zurückliegt, illustrieren. Am Strand befinden sich einige alte Fischerboote.

Bei Touristen beliebt ist der kleine **Souq**, hier werden **Souvenirs** und **Handarbeiten** verkauft.

Für eine Pause plus Stadtansicht gut geeignet sind das kleine Strandstück und das Wiesenstück am Kinderspielplatz.

› Breakwater, Al Kasir, 106 Al Alam St., Tel. 6814455, www.torath.ae, Sa.–Do. 9–16, Fr. 9–12 und 15–21 Uhr, Eintritt: frei

Das Heritage Village lädt zum Entdecken der Landeskultur ein

Hafenviertel Zayed Port

Das Hafenviertel Zayed Port beim Zayed-Hafen bildet den nordöstlichsten Zipfel der Hauptinsel. Lange Jahre war er Abu Dhabis Hauptanlaufstelle für Seehandel und Fischerei, doch das gesamte Areal wird derzeit umfassend umgestaltet und modernisiert.

Manche Hafenteile wurden in den letzten Jahren umfunktioniert, insbesondere da der Großteil des Containerhandlings inzwischen am Port Khalifa (ungefähr auf halbem Weg nach Dubai gelegen) stattfindet. Ein Kreuzfahrtschiffterminal und das **Marsa Mina Gastronomie- und Eventareal** (www.facebook.com/marsaminaAD) sind Novitäten im Hafenviertel.

Seit jeher sind hier diverse **Fischerei- und Marktbereiche** angesiedelt, die zum Besuch einladen. Modernisierungen und neue Marktareale folgen

034ad Abb.: kk

nach und nach. Der **Carpet Market** (s. S. 68) liegt kurz vor der Shaikh Khalifa Bridge, hier bieten rund 55 Geschäfte Teppiche aller Farben und Qualitäten – von Auslegeware bis zu handgeknüpften Einzelstücken, zudem Möbel, Matratzen und arabische Sitzkissen. Auch der **Vegetable Market** (s. S. 68) mit Obst, Gemüse und Trockenfrüchten findet sich im Hafenviertel, ebenso wie Marktbereiche für Fleisch, Lebend-Geflügel und Haustiere. **Souq Al Mina** ist ein vielfältiger, fußgängerfreundlicher, arkadengesäumter Einkaufs- und Gastronomiebereich mit über 100 kleinen Shops.

Bei Urlaubern wegen seiner Fotomotive beliebt ist der **Dhau-Hafen** 7, in dem sich traditionelle Holzschiffe vor der Skyline aneinanderreihen.

Das **Hafenviertel** ist am einfachsten über die Corniche 1 zu erreichen, die Richtung Nordosten dorthin führt. Vom Hafen kann man über den Shaikh Khalifa Bin Zayed al Nahyan Highway (E12) weiter auf die Inseln Saadiyat (s. S. 35) und Yas (s. S. 39) fahren. Ab Marsa Mina kann man per **Wassertaxi** zum **Louvre Abu Dhabi** 13 übersetzen.

› **Infos zur Umgestaltung:** www.modon.ae

7 Dhau-Hafen, Fischmarkt und Meena Market ★ [I1]

An der Einfahrt zum Dhau-Hafen vereinigen sich zahlreiche Geschäfte und Verkaufsbuden um ein Hafenbecken zum **Meena Market.** Hier bieten vornehmlich iranische Händler Haushaltswaren und Küchenzubehör der preisgünstigen Art feil. Auch Pflanzen finden sich im Sortiment.

Am Dhau-Hafen ankern traditionelle Dhau-Holzschiffe

Der dahinter gelegene Kai ist den traditionellen **hölzernen Booten**, den **Dhaus**, vorbehalten (siehe unten). Es gibt sie in verschiedenen Formen und Größen, vom Fischerboot bis zum Frachtschiff. Große, hochseetüchtige Dhaus schippern Waren in den Iran, nach Indien, Pakistan, Bahrain, in den Oman, nach Dschibuti, Somalia und Kenia. Trotz der Existenz moderner Containerschiffe hat der Überseehandel mit diesen traditionellen Holzschiffen immer noch eine bedeutende Rolle.

In der **Fischmarkthalle** herrscht jeden Vormittag reger Betrieb (täglich von 6 bis 22 Uhr geöffnet). Fangfrisch und auf Eis gelegt wird die Vielfalt der Golfgewässer an über 100 Ständen zum Verkauf präsentiert. Das Sortiment umfasst sowohl Shrimps als auch kleine Haie, aber auch Trockenfisch. Restaurants und Grillimbisse bieten frisch gegrillte Fische zum Verzehr an, diese sind ein doppelter Genuss, denn sie sind köstlich und preiswert.

Stadtzentrum

Das Stadtzentrum Abu Dhabis schließt sich im Landesinneren an die Corniche (1) *an. Es umfasst die Stadtteile Al Danah, Al Zahiyah, Markaziya, Al Hosn, Al Manhal und Al Khalidiyah.*

Die zwei geschäftigsten Straßen sind die **Hamdan Bin Mohammed St.** (auch Hamdan St. genannt) und die **Zayed The First St.** (auch Electra St. genannt). Doch nicht nur entlang den Hauptstraßen, sondern auch in den Häuserblocks dazwischen tobt das Innenstadtleben.

Auch das älteste Gebäude der Stadt, das **Qasr Al Hosn** (9), steht mitten im Stadtzentrum. Es vereinnahmt ein riesiges Areal und fungiert als eine Art Ruhepol mitten im Großstadtrummel.

Von Weitem sichtbar sind die schlanken, verspiegelten Türme des World Trade Center, zu dessen Füßen sich die holzverkleidete Fassade des **WTC Souq** (8) duckt.

Dhaus

Arabische Holz-Dhaus sind altbewährte Schiffstypen, die seit Jahrhunderten von geschickten Seefahrern und berühmten Navigatoren über die Weltmeere gefahren werden. Von den Küsten der Arabischen Halbinsel aus segelten Dhaus bereits im 8. Jahrhundert allen Stürmen, Strömungen und sonstigen Gefahren zum Trotz bis nach China.

Diese frühen Dhaus wurden ohne jegliches Metall, also auch ohne Nägel, konstruiert. Die Planken wurden mit in Öl eingeweichten und gedrehten Kokosnussfasersträngen regelrecht „zusammengenäht". Ein in dieser Bauweise genähtes Schiff hatte den Vorteil, dass es flexibler war, Stöße gegen Riffe geschmeidig abfing und praktisch nicht auseinanderbrechen konnte.

Zu der Zeit, als die Perlenindustrie ihren wirtschaftlichen Höhepunkt erreichte, war der Bootsbau die bedeutendste Industrie des südlichen Golfs. Je nach Zweck variieren die Bauformen – vom Fischerboot bis zum Handelsschiff.

Wer mit einem solchen Holzboot fahren möchte: Abends starten hell erleuchtete Dhaus zur Dinner-Cruise (s. S. 58) und schippern vor der Corniche (1) entlang.

Der mit Rasenflächen begrünte und mit Blumenbeeten dekorierte **Al Etihad Square** [F2] („Platz der Vereinigung") liegt in der Shaikh Rashid Bin Saeed St. – die meist Airport Rd genannt wird, weil sie die beste Verbindung zum Flughafen bietet – nahe der Corniche, dem WTC Souq 8 und dem Qasr Al Hosn 9. Überdimensionale Skulpturen dominieren den von Verkehr umströmten Platz: Zu sehen sind ein Rosenwasserflakon, eine Schnabelkanne, ein Weihrauchbrenner, ein Wehrturm und ein Schutzschild.

Der holzfassadenverzierte WTC Souq ist ein neo-arabisches Einkaufszentrum im Schatten von verspiegelten Hochhaustürmen

8 WTC Souq ★★★ [F2]

In Abu Dhabis World Trade Center (WTC) vereinen sich Tradition und Moderne sowie regionales und internationales Geschäftsleben. Auch Hochhausfunkeln und Holzornamentik liegen hier dicht beieinander. Für Touristen lohnt der Besuch des WTC Souq. Dieses neo-arabische Einkaufsareal befindet sich im Inneren eines – klimatisierten – riesigen Marktgebäudes, welches zwischen zwei Hochhaus-Himmelsstürmern platziert wurde. Der höhere heißt Mohammed Bin Rashid Tower und misst 382 Meter.

Die im Souq-Bereich angesiedelten Geschäfte und Verkaufsstände bieten orientalische Vielfalt. Überwiegend regionale und traditionelle Produkte wie Kleidung, Handwerksartikel, Parfüm oder Goldschmuck werden verkauft. Die Preise reichen von günstigen Souvenirs bis zu edlen Unikaten.

Mit einem gewachsenen orientalischen Markt hat der WTC Souq allerdings nur den historischen Standort gemeinsam. Es handelt sich um eine für Abu Dhabi typische **Neuinterpretation eines Souqs**, errichtet an der Stelle, an der ab den 1960er-Jahren der alte Souq stand. Traditionelle Architektur und Stilelemente verbinden sich hier in einmaliger Weise mit modernem Design.

Im WTC Souq kann man auch **schön und gut speisen** (mittleres Preisniveau): Es finden sich etliche Cafés und Restaurants zum Verweilen, manche gruppieren sich um ein Zentralatrium.

Über die Khalifa Bin Zayed The First St. verbindet die Khalifa Bridge den WTC Souq mit der **WTC Mall** (s. S. 68). Auf fünf verschachtelt angelegten Ebenen bietet diese Mall

230 überwiegend hochpreisige Einzelhandelsmarken mit Designermode. Von der dritten Etage kann man in einer Röhrenrutsche ins Erdgeschoss hinunterrutschen (Velocity, ab 25 Dh). In der WTC Mall finden sich zahlreiche **Restaurants** – viele mit Sitzgelegenheiten auf verschachtelten Dachterrassen. Von dort beeindruckt der Ausblick auf die riesige, mit Holzornamenten verzierte Außenfassade des darunter gelegenen Souq-Bereichs. **The Hub** bietet zum Alkoholausschank lizenzierte Restaurants mit Bar bzw. Lounge. **The Botanic Atrium Food Hall** vereint hochwertige Speisekonzepte in einem Gastronomie-Garten-Atrium (https://thebotanicatrium.com). Im **Food Court** kann man schnell und günstig essen.

Zum World Trade Center gehören zudem **Büros und Businesseinrichtungen, Apartments und Penthäuser** sowie ein **Hotel** (Courtyard by Marriott WTC).

› WTC Souq, 203, 204 Khalifa Bin Zayed The First St., Tel. 5082400, www.wtcad.ae, 10–24 Uhr

9 Qasr Al Hosn & House of Artisans ★★★ [E3]

Dieses inmitten von Hochhäusern stehende Fort ist das älteste Gebäude der Stadt und das einzige historische Bauwerk überhaupt. Es ist ein kulturhistorisches Wahrzeichen, weil es die Gründung Abu Dhabis durch den Bani-Yas-Stamm bekundet (s. S. 82). Viele Einheimische schätzen Qasr Al Hosn als historisches Gedächtnis und Herz Abu Dhabis.

Ab der Mitte des 18. Jahrhunderts stand hier ein einzelner Turm, der zur Bewachung einer Süßwasserquelle diente. Diese Quelle wurde vom Beduinenstamm Bani Yas aus Liwa bei einem Jagdausflug entdeckt, als eine Gazelle hierher lief. Ab 1793 wurde der Turm nach und nach zum Fort ausgebaut, als Shaikh Shakhbout Bin Dhiyab mit Stammesangehörigen von Liwa auf die Insel zog und somit Abu Dhabi gründete.

Qasr Al Hosn besteht aus zwei Hauptbauteilen: der zuvor beschriebenen historischen **Festung im Innern** („Hosn", „Festung") und einer **Außenfestung**, die in den 1940er-Jahren ergänzt wurde („Qasr", „Palast, Burg"). Fast 200 Jahre lang wurde es als befestigter Wohnpalast der Al-Nahyan-Herrscherfamilien genutzt, in dem anfangs auch wichtige Regierungstätigkeiten stattfanden. Ab 1984 diente es als nationales Dokumentationszentrum. 2018 wurde das **Museum** nach mehrjährigen Renovierungen wiedereröffnet. Multimedial werden vielschichtige Themen erläutert, immer wieder wird dabei die Bedeutung dieses Gebäudes als historisch-kulturelles Bindeglied und Zeitzeuge betont. In den vielen Ausstellungsräumen wird auf zwei Etagen die Entwicklung Abu Dhabis von einer kleinen Fischer- und Perlentauchersiedlung zur modernen Metropole thematisiert. Auch das Leben vergangener Zeiten, sowohl von Beduinen wie auch von Fischern, Palastbewohnern und Herrschern, wird veranschaulicht, beispielsweise mittels seltener Exponate, innovativer Installationen und persönlicher Erzählungen von Zeitzeugen. Ebenso wird Besuchern die Bedeutung der traditionellen Zusammenkünfte (arab. *madjlis*), sowohl auf Stammes-, wie auch auf Staatsebene, erläutert. Die Dauerausstellung wird durch wechselnde Sonderausstellungen ergänzt.

Vor dem kanonenflankierten Torhaus des Forts steht das **Gebäude**

des Nationalen Konsultativrats (National Consultative Council) – hier wurden historisch bedeutsame Gespräche geführt, die 1971 zur Vereinigung der V.A.E. führten. Damit nimmt es die symbolische Rolle eines Geburtshauses des modernen Bundesstaates an.

Der riesige Festungsbau ist nur eine Komponente des Kulturbereichs Al Hosn: Ebenfalls einen Besuch wert sind das benachbarte Haus des Kunsthandwerks und die Kulturstiftung (Cultural Foundation, s. S. 52).

Das **Haus des Kunsthandwerks** (House of Artisans) hat sich der Wiederbelebung bzw. Bewahrung und Präsentation des traditionellen Handwerks und immateriellen Kulturerbes des Landes verschrieben. Besucher können sich Handwerkskünste wie Palmfaserflechten (arab. *khoos*), Weben (arab. *sadu*) oder Spitzenklöppeln (arab. *tallie*) ansehen, manche Handwerker demonstrieren ihr Können. Interessant ist auch das **Bait Al Gahwa, das Kaffeehaus,** in dem arabischer Kaffee auf althergebrachte Weise zubereitet wird (Sa.–Do. 13.30–17, Fr. 16–19.30 Uhr alle halbe Stunde). Zeremoniengleich wird er frisch in einer Pfanne geröstet, mit diversen Gewürzen wie Kardamom, Safran, Muskat, Nelken oder Rosenwasser in einer Schnabelkanne aufgebrüht und in kleinen Porzellantässchen ausgeschenkt. Arabischer Kaffee als Symbol der Gastlichkeit wurde von der UNESCO als immaterielles Kulturerbe der Menschheit eingestuft. Auch ein Souvenirshop mit Handwerkswaren findet sich.

Das riesige **Kulturgelände** – das einen ganzen Block in der Innenstadt umfasst – ist durch eine Diagonale in eine historische Seite mit dem Fort in einer Küsten-Sandlandschaft und einen kontrastierenden urban-geo-

Mein Tipp

Kleine Pause

Das große Gelände von Qasr Al Hosn (9) bietet gute Gelegenheiten, um eine **Rast** einzulegen, beispielsweise palmenbeschattete Bänke – pittoresk mit Blick auf die Festung –, die kreativ-futuristische Musalla-Moschee oder den künstlichen Teich. Dort finden sich auch **Cafés** sowie der Laden der **Mirzam Chocolate Makers,** die feinste handgemachte Schokoladenprodukte, Trinkschokoladen und mehr verkaufen (s. S. 70). Traditionell zubereiteten emiratischen Gewürzkaffee kostet man im **House of Artisans.** Lecker emiratisch speisen kann man im **Restaurant Erth** (s. S. 55).

122ad Abb.: kk

◁ *Traditionelle Handarbeiten sind im House of Artisans zu sehen*

metrisch gestalteten Bereich zweigeteilt. Schattige Flanierwege durchziehen den öffentlich zugänglichen Raum, zur Rast laden Sitzgelegenheiten an Grün- und Wasserflächen ein. Wechselnde Events finden hier statt, dazu steht ein drehbares Auditorium bereit.

- **Qasr Al Hosn,** Al Hosn, 319 Al Hosn St. (Ecke Hamdan bin Mohammed St.), Sa.–Do. 10–19, Fr. 14–22 Uhr, Eintritt: 30 Dh, https://qasralhosn.ae, Tel. 6976400
- **House of Artisans,** Al Hosn, 319 Al Hosn St., Sa.–Do. 9–20, Fr. 14–20 Uhr, Eintritt: frei, https://qasralhosn.ae, Tel. 6976400
- Im November/Dezember findet rund um das Fort alljährlich das einwöchige **Kulturfestival Qasr Al Hosn** statt (s. S. 76).
- In den Wintermonaten werden verschiedene **Kultur- und Familienevents** veranstaltet.

Zwischen Zentrum und Festland

Auch jenseits des Stadtzentrums birgt die Hauptinsel in ihrem **östlichen Teil** Sehenswürdigkeiten. Zum Spazierengehen sind die Distanzen zu weit, ab dem Zentrum führen vier wichtige Stadtstraßen dorthin: die Shaikh Rashid Bin Saeed St. und die Sultan Bin Zayed The First St. im Inselinneren sowie die Al Khaleej al Arabi St. an der Südwestküste und die Shaikh Zayed Bin Sultan St. an der Nordostküste.

Nicht verpassen sollte man eine Besichtigung der Shaikh Zayed Grand Moschee ⓬. Zum **Spazierengehen** eignen sich die Eastern Corniche ⓾ und die Eastern Mangroves Promenade ⓫ – letztgenannte lädt zudem zu einer Einkehr bei Speis und Trank ein.

Ein in Bau befindliches touristisches Großprojekt ist der **New Traditional Souq** zwischen Musaffah-Brücke und The Ritz Carlton Abu Dhabi Grand Canal. Es entsteht ein Einkaufs- und Restaurantviertel im traditionellen Souq-Flair mit Marktplätzen, schattigen Einkaufs- und Handwerksgassen, offenen Innenhöfen, Lokalen, Hotels und einer Uferpromenade (https://qholding.com).

⓾ Eastern Corniche ★ [dn]

Die Küste an der Nordostseite der Hauptinsel wird gesäumt von der Eastern Corniche, einem begrünten Uferweg für Fußgänger. Etliche Pavillons, die am Wochenende als Picknickplatz beliebt sind, flankieren den Weg.

Jenseits eines schmalen Meeressaums dehnt sich das Mangrovengebiet Eastern Mangroves aus, das zu einem Nationalpark erklärt wurde. Per Kajak kann man dieses besondere Ökosystem erkunden (s. S. 32).

Einen Strand bietet diese Corniche nicht. Landeinwärts ist es weniger idyllisch, denn dort verläuft die mehrspurige Stadtschnellstraße Shaikh Zayed bin Sultan St. (E10).

Walker und Jogger nutzen die Eastern Corniche gerne, Radfahrer haben eine eigene Fahrbahn. Ab Höhe der Shakhbout Bin Sultan St. mit dem dort gelegenen kleinen, ufernahen Erholungspark sind es knapp 4 km bis zur Eastern Mangroves Promenade ⓫.

⓫ Eastern Mangroves Promenade ★ [dn]

Dieses Stück der Uferpromenade gegenüber dem Mangrovengebiet Eastern Mangroves im Stadtteil Al Kheeran wurde zu einem Wohn-, Freizeit- und Urlaubsgebiet ausgebaut.

Am Ufer wurden Spazierwege angelegt und schattige Kolonnaden la-

Mein Tipp

Kajak-Tour im Mangroven-Nationalpark

Im Osten der Hauptinsel, der Küste auf Höhe der Eastern Corniche (10) bzw. der Eastern Mangroves Promenade (11) vorgelagert, dehnt sich der ca. 19 km² große Mangrove National Park aus. Dieses Areal fungiert als wichtiger Wind- und Hochwasserschutz für die Hauptinsel. Die Mangrovenwälder mit den salzwasserresistenten Mangrovenbäumen, die ihre markanten Luftwurzeln ausbilden, sind der Lebensraum zahlreicher Arten von Fischen, Krabben, Krebsen und Muscheln. Rund 60 Vogelarten sind im Nationalpark heimisch – so auch der große Flamingo (lat. *Phoenicopterus ruber*), der eine Körpergröße von ca. 1,50 m aufweist und erst mit zunehmendem Alter eine pinke Gefiederfarbe annimmt. Interessierte können dieses besondere Küsten-Ökosystem auf einer Kajak-Tour erkunden – auch für Anfänger ist dies geeignet. Kajaks für eine oder zwei Personen werden an der Eastern Mangroves Promenade (11) ausgeliehen. Auch knapp zweistündige geführte Touren – bei denen man selber paddeln muss und die besser im Voraus gebucht werden – starten hier:

- **Sea Hawk,** www.sea-hawk.ae, Tel. 6736688, Kajak-Verleih (Einzelkajak 1 Std. 80 Dh) und geführte Kajak-Touren (2 Std. ab 180 Dh), Stand-up-Paddleboard-Verleih und -Touren, Mangroven-Bootstouren sowie Insel-Camping-Trips. Zudem Kajakfahrten am Louvre Abu Dhabi (13) und Kajak-Verleih im Reem Central Park (s. S. 71).
- **Noukhada Adventure Company**, Kajak-Verleih (Einzelkajak 3 Std. 50 Dh), geführte Mangroven-Touren (ca. 2 Std ab 130 Dh) sowie Segelboottouren und Verleih von Stand-up-Paddleboards, Tel. 5581889, www.noukhada.ae

083ad Abb.: kk

den zum Bummeln und Schlemmen ein. Zudem kann man die Promenade als Start- bzw. Zielort für Bootstouren nutzen.

Spaziergänger und Jogger können ihren Weg nach Nordwesten entlang der Eastern Corniche (10) fortsetzen.

- **Infos:** Tel. 4061462, www.easternmangrovespromenade.ae
- Mehrere **Restaurants und Cafés** – auch mit Alkoholausschank – finden sich an der Promenade (z. B. Flooka, s. S. 59). Das Anantara Eastern Mangroves Abu Dhabi Hotel (s. S. 122) bietet hochpreisige Gerichte sowie Bars und Nachtclubs. Für ein spontanes Selbstversorger-Picknick gibt es einen **Supermarkt.**

Freizeitspaß beim Bötchenfahren an der Eastern Mangroves Promenade (11)

- Infos zur **Natur- und Tierwelt:** Abu Dhabi Environment Agency, www.ead.ae
- Den vorgelagerten Mangroven-Nationalpark kann man auf einer **Kajak-Tour** erkunden (s. links)
- Vermietung von **Kajaks** und Elektrobooten, z. B. runde, solarstrombetriebene, sonnenschirmbestandene **„Donut"-Bötchen** (Eboat, 300 Dh/h, 16–23 Uhr, www.eboatuae.com, Tel. 056480427 oder 4915453)

12 Shaikh Zayed Grand Mosque ★★★ [fo]

Das südöstlichste Ende der Hauptinsel Abu Dhabis ist quasi nur einen Steinwurf vom Festland entfernt. Der Kanal Khor Al Maqta' trennt beide Areale, die drei Brücken Shaikh Zayed, Maqta' und Musaffah stellen wiederum ihre Verbindungen dar. Dieser Teil der Stadt wird von der Shaikh Zayed Grand Mosque dominiert. Diese darf auch von Touristen besichtigt werden, was unbedingt empfehlenswert ist!

Die vier schlanken Minarette der Moschee ragen 107 Meter hoch in den Himmel. 1096 Außensäulen tragen das mit 82 Kuppeln gekrönte und mit weißem Marmor verkleidete 22.412 m² große Gebäude. Nicht nur am Tag kann man über diesen Anblick staunen, abends wird der Prachtbau raffiniert im Schein künstlicher Mondphasen illuminiert und spiegelt sich in Wasserbecken.

Shaikh Zayed Bin Sultan al Nahyan, der Staatsgründer der V.A.E. und Vater des heutigen Präsidenten, initiierte den Bau, doch er starb noch vor der Fertigstellung. Shaikh Zayed wird auch heute noch hoch geschätzt, er ist in einem Mausoleum auf dem Moscheegelände bestattet.

Das **majestätische Gebetshaus** vereint traditionelle und moderne Architekturelemente sowie solche verschiedener muslimischer Länder. Edelste Materialien aus aller Welt verleihen ihm einen außergewöhnlichen Glanz. So sind in die mehr als 20.000 Marmorplatten, welche die Säulen und Arkadenbögen im Außenbereich verkleiden, Muster aus Perlmutt und Halbedelstein eingearbeitet. Weißer Marmor dominiert auch die Innenwände und Gebetshallen – hier sind vielfarbige Blumenmuster als Intarsien eingelassen. Goldglasmosaike lockern Wandflächen auf und goldfarbene Ornamente ranken sich über Bögen, Kuppeln und Kapitelle. Bemalte Glasfenster leiten farbiges Licht ins Innere. Doch auch wenn das Design der Teppiche farbig-floral ist, so wirken die Gebetsräume nicht überladen, sondern edel.

Die Hauptgebetshalle ist besonders opulent ausgestattet und bricht Rekorde: Bei der Eröffnung der Moschee war der dortige Teppich der größte handgeknüpfte Teppich der Welt – er bedeckt 5700 m². Und auch der Kristallkronleuchter erreichte mit 10 m im Durchmesser, 9 m Höhe und 9,5 t Gewicht Weltrekordmaße. Eher unauffällig wurde die in Gebetsrichtung nach Mekka weisende Wand gestaltet: Auf ihr stehen in traditionell-kufischem Kalligrafiestil die 99 Namen Allahs. Sie werden durch spezielle Lichteffekte sichtbar. Die Gebetsnische in der Wandmitte ist mit Blattgold und Goldglasmosaiken bordiert. Über 7000 Betende finden in diesem Hauptraum Platz, die gesamte Moschee fasst 41.000 Menschen.

Diese Moschee ist eine der wenigen, die auch von Nicht-Muslimen besucht werden darf. Strenge **Einlass- und Sicherheitskontrollen**, Verhaltens- und Kleiderordnungen sowie Besucherrouten reglementieren das Geschehen.

123ad Abb.: kk

Touristen sollten die Moschee über den Haupteingang (Al Salam Gate bzw. South Gate an der Al Khaleej al Arabi St.) betreten. Dort befinden sich zwei markante, mit einer Glaskuppel überdachte Eingänge zum **Visitor Centre** und zum **Souq Al Jami'**. Beide sind unterirdisch gelegen und miteinander verbunden. Das Visitor Centre empfängt und managt die Besuchermassen, der Souq Al Jami' bietet 51 Shops und Serviceeinrichtungen (Souvenirs, Kinderunterhaltung, Food Court, Supermarkt, Geldautomat und Toiletten). E-Guides und Rollstühle können ausgeliehen werden. Ab dem Souq bzw. dem Besucherzentrum kann man im klimatisierten **Toleranz-Tunnel** unterirdisch zum Moscheegebäude gehen.

Alle Besucher müssen **gebührlich gekleidet** sein: Herren bitte Knie und Schultern bekleiden. Frauen sollten weite, undurchsichtige Kleidung wählen, die Arme und Beine bedeckt halten und ein Kopftuch tragen. T-Shirt-Aufdrucke mit religiösen oder sexistischen Botschaften, Regenbogenflaggen oder Totenköpfen müssen bedeckt werden (Verkauf von Abaya-Überziehmänteln und Kandoura-Hemden im Souq Al Jami'). Rauchen sowie lautes und **respektloses Verhalten** – insbesondere beim Fotografieren bzw. Posieren für Selfies – wird auf dem gesamten Moscheegelände **nicht toleriert.** Paare sollten darauf verzichten, Händchen zu halten oder sich zu küssen. Essen und trinken ist nur im Souq al Jami' gestattet (auch Wasserflaschen dürfen nicht mit in die Moschee genommen werden). Vor dem Betreten des Moscheegebäudes müssen die Schuhe ausgezogen werden, innen dürfen

Wand- und Säulenschmuck nicht berührt werden und auch das Telefonieren sollte man sich verkneifen. Die Betenden bitte nicht stören. Nicht-Muslime dürfen zudem die ausliegenden Koranbücher nicht berühren.

› Al Rawdah, 66 Al Jami al Kabeer St., Tel. 4191919, www.szgmc.gov.ae. Das Sheikh Zayed Grand Mosque Center (SZGMC) veranstaltet täglich zahlreiche kostenlose englischsprachige Kulturführungen (ca. 45 Min., ohne Voranmeldung, Info-Tisch am Osteingang). Sa.–Do. 9–22, Fr. 9–13 und 15–22 Uhr können nichtmuslimische Touristen Teile der Moschee ohne Führung gratis besuchen.

6 [fo] **Souq Al Jami',** Al Rawdah, 2170 Wahat Al Karama St., Tel. 4191919, https://souqaljami.ae, Mo.–Do. 9–22, Fr.–So. 9–23 Uhr

Stadtnahe Inseln

Immer mehr der kleinen, im letzten Millennium noch unbewohnten Inseln rund um die Hauptinsel werden städtebaulich erschlossen. Nicht nur Wohnviertel samt dazugehöriger Infrastruktur entstehen, sondern auch Freizeiteinrichtungen und Touristenattraktionen, welche die Prädikate „modern", „futuristisch" und „außergewöhnlich" verdienen.

Besuchern viel zu bieten haben die durch den Shaikh Khalifa Bin Zayed al Nahyan Highway (E12) verbundenen Inseln **Saadiyat** (s. S. 35) und **Yas** (s. S. 39). Insbesondere hohe Ansprüche und ausgefallene Interessen sollen hier befriedigt werden, auch wenn die Bebauung auf beiden Eilanden noch Jahre im Gange sein wird. Auch **andere Inseln** wie Al Reem, Al Maryah und Al Jubail werden mehr und mehr ausgebaut, doch werden diese nur vereinzelte Touristenattraktionen bieten. Manche Eilande wurden komplett zu Hotelinseln, so z. B. Nurai (s. S. 124) und Al Nawas – sie bieten Erholung pur.

Vier Minarette und 82 Kuppeln krönen die Shaikh Zayed Grand Mosque

Saadiyat

Die 27 km² große Insel Saadiyat – der Name bedeutet übersetzt „Die Glückliche" – bietet schon heute etliche Resortanlagen sowie einige interessante Kultureinrichtungen. Das Eiland befindet sich im Osten der Hauptinsel.

Die Glücksinsel hat internationales Augenmerk auf sich gezogen, weil im derzeit im Bau befindlichen Herzstück der Insel, dem **Cultural District,** Dependencen der weltberühmten Museen Louvre 13 und Guggenheim (s. S. 90) Besucher aus aller Welt anziehen sollen. Diese und weitere neue Museen (s. S. 90) sollen nicht nur durch die Hochkarätigkeit ihrer Ausstellungen, sondern auch als architektonisch einmalige Wahrzeichen Abu Dhabis Rang als global bedeutsame Kunst- und Kulturmetropole manifestieren. Dafür geben Stararchitekten ihr Bestes.

Zum Saadiyat Cultural District gehört auch das **Wohnviertel Mamsha Al Saadiyat.** Seine luxuriösen Apartments und Penthouses sind gesäumt von der Strandpromenade Soul Beach samt Badestrand (s. S. 75) und Gastronomiebetrieben. Daran angrenzend entsteht mit **Saadiyat Grove** ein inno-

Mein Tipp

Sport und Strand auf Al Hudayriyat

Die im Südosten der Hauptinsel gelegene, noch überwiegend unbebaute Insel Al Hudayriyat ist ein populäres **Freizeit- und Sportziel,** auf der Groß und Klein vielerlei spannende Aktivitäten geboten werden. Der Sandstrand ist beliebt und gratis (s. S. 73), die **Uferpromenade Marsana** bietet Einkehrmöglichkeiten in Cafés, Restaurants und Foodtrucks. Hier beginnt der **Heritage Trail,** ein 1,2 km langer Holzsteg-Spazierweg, bestückt mit kleinen Kunstwerken, Ausstellungsstücken und Infotafeln zu Landeskultur, Flora und Fauna.

Circuit X bietet Abenteuerlustigen einen Skatepark, einen Hochseilparcours samt Kletterwand, eine BMX-Strecke mit Seilrutsche und Kindern den Splash-Park-Wasserspielplatz. **Sports 321** verfügt über 23 Ballsportplätze – sowohl draußen als auch in Sporthallen. **OCR Park** ist ein Fitness-Hindernisparcours, **Trail X** ein 15 km langer Mountainbiketrail. **Bab Al Nojoum** ist ein luxuriöser Campingbereich mit eigenem Badestrand (s. S. 123).

Der **Ausbau** von Al Hudayriyat mit hochklassigen Wohnvierteln steht bevor (www.modon.ae) und es entstehen auch weitere Sportstätten: Anfang 2024 eröffnet Surf Abu Dhabi, eine ultramoderne künstliche Wellenanlage; 2025 soll mit Velodrome Abu Dhabi eine Radsport-Halle folgen. Auch ein riesiger Park samt Spazier- und Radwegen wird gebaut.

S7 [ao] **Circuit X**
S8 [ao] **Sports 321**
S9 [ao] **OCR Park**

› **Infos, Öffnungszeiten und Buchung der Sportstätten:** www.hudayriyatisland.ae

vatives Wohn-, Einkaufs- und Freizeitviertel. Der dortige Town Square wird von interaktiven Kunstwerken und digitalen Projektionen aufgewertet.

Der größtenteils vollendete **Beach Dictrict** mit seinen Hotelresorts (beispielsweise The St. Regis Saadiyat Island Resort, s. S. 124, und Park Hyatt Abu Dhabi Hotel & Villas), dem öffentlichen Strand (Kai Beach, s. S. 75) und dem Golfplatz des Saadiyat Beach Golf Club den touristischen Hotspot der Insel. Auch Villen und Strandapartments für Urlaubsgäste finden sich hier. Typisch – und pittoresk – ist die niedriggeschossige Bauweise auf Saadiyat.

Im **Saadiyat Lagoons District** wird eine Mangrovenlagune in ein Villenviertel integriert. **Saadiyat Marina** bietet Luxusapartments und einen Boutique-Boulevard am Jachthafen. Weitere noch in Planung bzw. Bau befindliche Bereiche heißen Saadiyat Retreat, Saadiyat Reserve und Saadiyat Promenade. 150.000 Menschen sollen zukünftig auf der Insel wohnen.

› **Weitere Infos:** https://saadiyatisland.ae

13 Louvre Abu Dhabi ★★★ [ck]

Nicht nur Paris hat einen Louvre, sondern auch Abu Dhabi. Gut bezahlte Vereinbarungen gestatten dem Emirat für 30 Jahre die Nutzung der Namensrechte und die Ausstellung wechselnder Leihgaben aus verschiedenen renommierten französischen Museen. Die Ausstellungsfläche des Louvre Abu Dhabi nimmt ungefähr 8600 m² ein. Die Exponate sind im ständigen Wechsel. Langfristig möchte das Emirat eine eigene Sammlung aufbauen.

Die Kuppel des Louvre Abu Dhabi birgt Kunstwerke der Extraklasse

Menschheit und Kunst sollen vom Besucher in einem neuen Licht erlebt werden. Dabei steht Universalität im Fokus – verschiedene Kulturen werden im kulturellen Miteinander thematisiert. Gemeinsamkeiten und Verbindungen werden aufgezeigt und nicht etwa die Unterschiede. Im übertragenen Sinn ist der Louvre Abu Dhabi eine schattenspendende, wasserreiche Oase, ein **Ort des Austauschs.**

In **zwölf Museumsgalerien** werden Kunstwerke verschiedener Art, Epochen, Herkunft und Ausgestaltung von herausragender kultureller, soziologischer oder künstlerischer Bedeutung gezeigt. Besucher können sich auf eine Art Zeitreise durch die Mannigfaltigkeit menschlicher Kreativität und Kunstfertigkeit begeben.

Unter anderem sind **Gemälde berühmter Meister** wie Vincent van Gogh, Claude Monet, Édouard Manet, Paul Gauguin, Leonardo da Vinci, Henri Matisse, Pablo Picasso, René Magritte, Piet Mondrian und Cy Twombly ausgestellt.

Der Louvre Abu Dhabi ist nicht nur ein Weltklasse-Kunstmuseum, sondern auch eine auffällige **Architekturikone** und wird von einer riesigen Ornamentkuppel gekrönt. Auch wenn kein einziges Kunstwerk ausgestellt wäre, würde der Besuch dieses herrlichen Gebäudes beeindrucken.

Der prestigeträchtige Bau wurde vom französischen Architekten **Jean Nouvel** entworfen. Nicht nur die Größe mit einem Durchmesser von 180 m beeindruckt, sondern auch die lichtdurchlässige Konstruktion. Die **Kuppel** wurde aus einem achtlagigen Netz aus 7850 sternförmigen Metallprofilen gefertigt, durch dessen Aussparungen Sonnenstrahlen hindurchdringen. Dieses wechselnde **Strahlenspiel** ist einmalig: Es soll an Lichtstrahlen erinnern, welche die gedeckten Gassen einer orientalischen Altstadt durchdringen. Die riesige Kuppel wird von nur vier versteckten Auflageflächen getragen. Es entsteht der Eindruck, dass sie schwebt. Sie überdacht einen Großteil der 55 einzelnen, rechteckig verschachtelten Museumsgebäude. Die-

133ad Abb.: kk

MEIN TIPP

Saadiyats Strände

Im Nordwesten Saadiyats gibt es einen ca. 9 Kilometer langen, herrlichen **Naturdünenstrand.** Er wurde größtenteils als Naturschutzgebiet deklariert, da er von Karettschildkröten, die vom Aussterben bedroht sind, ab etwa Anfang Juni als Nistplatz genutzt wird. Um die Tiere und die empfindliche Vegetation zu schützen, wurden Holzstege über der Dünenzone errichtet, über die man zum Badebereich am Ufer gehen muss. Zudem wacht geschultes Personal über das Wohl der Schildkröten.

Hier finden sich mehrere **Hotelstrände** (z. B. Rixos Premium Saadiyat Island, s. S. 124, Park Hyatt Abu Dhabi Hotel and Villas, Jumeirah at Saadiyat Island Resort, s. S. 123, oder The St. Regis Saadiyat Island Resort, s. S. 124), die man als Nicht-Hotelgast gegen eine Tagesgebühr nutzen kann.

Zwischen den Resortanlagen bietet **Kai Beach** zahlenden Gästen seine Serviceausstattung an (s. S. 75). Ebenfalls im Dünenbereich liegt der luxuriöse **Saadiyat Beach Club** (s. S. 75), in dem man chillen und feiern kann.

Jenseits des Schutzgebietes wurden Unmengen von feinem weißen Sand aufgeschüttet – hier lädt **Soul Beach** (s. S. 75) ebenfalls mit Eintrittsgebühr zum Seele-baumeln-lassen ein. Die landeinwärts angrenzende Promenade von **Mamsha Al Saadiyat** bietet (gratis) einen Spazierweg und Einkehrmöglichkeiten in etlichen Gastronomiebetrieben – ein Spezialservice ist der Lieferdienst an den Strand.

se stehen teils im Meerwasser. Das von dem Ornamentgeflecht der Kuppel durchgelassene Licht wird stellenweise vom Wasser reflektiert, sodass in der Galerieebene ein wellenbewegtes Wechselspiel zwischen direktem und indirektem Licht entsteht – schön zu sehen ist dies im Museums-Atrium.

Der Louvre Abu Dhabi versteht sich als eine **Museumsstadt für jedermann** und bietet ein vielfältiges Kunst- und Kulturprogramm. So gibt es ein eigenes Kindermuseum, das Café Art Lounge mit kuppelgekrönter, gemütlicher Dachterrasse (Di.–So. 17–24 Uhr), die noble französische Brasserie Fouquet's und die Marte Bar (jeweils Di.–So. 12–24 Uhr), eine Museumsboutique und ein Auditorium. Verschiedene **Touren** sowie Multimedia-Führer, Apps, ein Podcast und ein Onlineshop werden angeboten.

Den Kuppelbau umgeben Promenadenwege am Meer und Gärten, Grasflächen, Bänke und Uferstufen laden zum Ausruhen ein, das Aptitude Café befindet sich im nördlichen Ufergarten (geöffnet: 9–22 Uhr).

› Saadiyat, 133 Jacques Chirac St., www.louvreabudhabi.ae, Tel. 600 565566, Eintritt: 63 Dh Kinder unter 13 Jahren gratis, Di.–Do. 10–18.30, Fr.–So. 10–20.30 Uhr
› Per **Wassertaxi** kann man sich ans Kreuzfahrtschiffterminal Marsa Mina (s. S. 25) bringen lassen.
› Es sind einstündige **geführte Kajak-Touren** durch die Gebäudekanäle buchbar (auch für Kajak-Unerfahrene geeignet, 126 Dh Sea Hawk, s. S. 32).

14 Abrahamic Family House ★ [dk]

Das Abrahamische Familienhaus bietet den drei Glaubensrichtungen Islam, Christentum und Judentum eine **Moschee** (Imam Al Tayeb Mosque), eine **Kirche** (St. Francis Church) und die erste im Land erbaute **Synagoge** (Moses Ben Maimon Synagoge). Somit ist dies ein symbolträchtiger **Ort**

134ad Abb.: © Abrahamic Family House

der **Begegnung** und der interkonfessionellen Koexistenz. Neben den drei Gebetshäusern gibt es gemeinsam genutzte Räume wie ein **Kultur- und Bildungszentrum** sowie einen **Garten.** Der Komplex ist auch Gastort für internationale Konferenzen und Weltgipfel.

Alle drei Gotteshäuser haben einen quadratischen Grundriss und dieselben Außenmaße. Die säulengetragenen Außenfassaden variieren jedoch ebenso wie die gewölbegestützten Innenräume, die alle minimalistisch-elegant ausgestaltet sind. Besucher haben die Möglichkeit zu beten und innezuhalten; jeder kann an Gottesdiensten, religiösen Dialogen und Führungen teilnehmen, auch als Nicht-Glaubensangehöriger.

› **Infos:** Saadiyat, Jacques Chirac St., Tel. 6575900, www.abrahamicfamilyhouse.ae, Di.–So. 10–17 Uhr, Eintritt frei

› Da dies eine religiöse Stätte ist, werden Besucher um **respektvolles Benehmen** und **angemessene Bekleidung** gebeten (Knie und Schultern bitte bedecken, keine religiösen, politischen oder sexistischen Aufdrucke, Frauen bitte beim Betreten von Moschee und Synagoge ein Kopftuch tragen, man kann es sich vor Ort ausleihen). Rauchen, Essen und Trinken ist in den Innenräumen nicht gestattet.

Yas

Südöstlich von Saadiyat, erreichbar über den Shaikh Khalifa Bin Zayed al Nahyan Highway (E12) Richtung Festland, befindet sich die ca. 25 Quadratkilometer große Insel Yas. Auch hier empfangen etliche Hotels Gäste – am auffälligsten ist das W Abu Dhabi – Yas Island Hotel (s. S. 124) mit seiner futuristischen Form und den abendlichen Beleuchtungseffekten.

Die hiesigen Attraktionen sind weniger kultureller Art, sondern lassen sich unter dem Motto **„Sport und Spaß“** zusammenfassen. Familien kommen hier ebenso auf ihre Kosten wie Adrenalinjunkies.

Im Inselinneren bietet Yas **Freizeitparks** (s. S. 42) und die Formel-1-Rennbahn Yas Marina Circuit (s. S. 43). Auch in der riesigen **Yas Mall** ⑯ gibt es allerlei Unterhaltungs- und Shoppingmöglichkeiten.

Im Südwesten der Insel befindet sich ein **Sandstrand** (Yas Beach & Cyan Beach, s. S. 75) und der

△ *Die Moschee des Abrahamic Family House*

MEIN TIPP

Yas Marina – Jachthafen für jedermann

Der Jachthafen **Yas Marina** lädt Besucher ein, entlang der **Uferpromenade** zu bummeln. Kinder haben derweil Spaß am Musikbrunnen.

Für Speis und Trank sorgen diverse **Gastronomiebetriebe.** Alle sind zum Alkoholausschank befugt und bieten lockere, zwanglose Stimmung. Die schönen Terrassen bestechen durch einen erstklassigen Blick auf den Jachthafen und die Formel-1-Rennbahn. **Stars 'n' Bars** ist eine Unterhaltungsbar/Kneipe mit Sportübertragungen, Tanzfläche, Abendunterhaltung und Wasserpfeifenlounge. **Boroughs** bietet von früh bis abends gesunde Kost, **Cipriani** ist ein schickes und beliebtes italienisches Restaurant. **Diablito Food and Music** bietet Tapas und spanische Klänge. **Penelope's** ist eine elegante südfranzösische Jazzbar. **Aquarium** serviert Fisch- und Meeresfruchtgerichte. Bei **Ishar** gibt es Speisen des Mittleren Ostens – sowohl Streetfood als auch Fine-Dining. **Iris** ist tagsüber eine Lounge und abends ein Nachtclub.

Wassersportfreunde können aus einer Vielzahl an Aktivitäten wählen, man kann auch Boote chartern.

Insbesondere in den Wintermonaten finden vielerlei Events statt.

•10 [im] **Yas Marina,** Yas, 120 Yas Drive, www.yasmarina.ae, Tel. 4062000

› **Anfahrt per Wassertaxi:** Mit Abu Dhabi Maritime kann man Yas Marina ab Yas Bay Waterfront (15) und Al Bandar per Boot anfahren (auch retour, Details s. S. 128).

Jachthafen Yas Marina wartet mit vielerlei Freizeitmöglichkeiten auf (siehe oben). Der **Yas Links Golfplatz** ist ein 18-Loch-Meisterschaftsplatz.

Im Süden der Insel bietet Yas Bay neben ufernahem Wohnraum auch vielerlei Freizeitangebote.

› **Events, Tipps, App:** www.yasisland.com
› **Yas Island Sightseeing Cruise:** Tour Dubai bietet einstündige Fahrten auf einem traditionellem Dhau-Schiff, Tel. 043368407, https://tour-dubai.com, 10.30, 11.30, 15.30 und 16.30 Uhr, 125 Dh.
› **The Yellow Boats:** 45- oder 75-minütige Schnellboottouren (s. S. 118)
› **Wassertaxi:** Abu Dhabi Maritime bietet Fahrten zwischen Yas Bay Waterfront (15), Yas Marina (s. oben) und Al Bandar (s. S. 128).
› **Strandclub:** Yas Beach & Cyan Beach (s. S. 75)
› **Yas Express:** Yas-Besucher und -Hotelgäste können gratis diesen Shuttlebus nutzen. Entlang zweier Routen werden von 9 bis 22 bzw. 9 bis 24 Uhr Hotels und Attraktionen auf Yas angefahren, Tel. 4968110, www.yasisland.ae.

(15) Yas Bay Waterfront ★★ [in]

Im Süden der Insel am Meeresufer gelegen ist Yas Bay Waterfront ein **pulsierendes Unterhaltungs- und Gastronomieviertel.** Herzstück ist die circa drei Kilometer lange, von Palmen und Skulpturen flankierte **Uferpromenade** (Waterfront) mit rund 20 Gastronomiebetrieben und Geschäften, Freizeit- und Sportstätten, dem Hilton Abu Dhabi Yas Island Hotel und dem Strandclub Café del Mar im Ibiza-Stil (s. S. 73).

Pier 71 ist ein ins Meer hineinragender Schlemmer-Steg – hier finden sich vielerlei Cafés, Restaurants, Bars und Lounges mit luftigen Außenterrassen an beiden Seiten des Meeres. Promenade und Pier bieten Ausbli-

135ad Abb.: kk

cke auf das gegenüberliegende Ufer Al Raha Beach (s. S. 45) mit seinen kleinen Kunstinseln. Ein Publikumsmagnet ist die 18.000 Zuschauer fassende, multifunktionale **Etihad Arena** (s. S. 64), deren Markenzeichen das goldfarbene Dach ist. Der benachbarte Nachtclub White Abu Dhabi (s. S. 64) zieht Nachtschwärmer und Tanzfreudige an.

Yas Bay Waterfront wird ergänzt durch verschiedene **Yas Bay Wohnbereiche** und dem Kreativ- und Medienbereich **Yas Creative Hub.**

› **Infos:** www.yasbay.ae, Tel. 800 927229
› Am Pier 71 kann man sich per **Wassertaxi** an das gegenüberliegende Festlandufer nach Al Bandar oder zur Yas Marina (s. S. 40) schippern lassen (s. S. 128).
› **The Yellow Boats** bietet ab Pier 71 Schnellbootstouren an (s. S. 118).

11 [in] **Bushra, Zeera und Siddharta Lounge by Buddha-Bar,** Yas Bay Waterfront Pier 71, Tel. 050 6011194, https://thetrilogybybuddhabar.com. Als Lifestyle-Destination vereinen sich unter dem Namen Buddha Bar drei innovative Gastronomiebetriebe sowie ein Showprogramm am Pier 71 unter einem Dach: **Bushra** €€€ (13–2 Uhr) bietet moderne orientalische Gerichte des mittleren Ostens und Nordafrikas, mit Lounge-Bar, offener Küche und abendlichem Unterhaltungsprogramm. **Zeera** €€€ (13–2 Uhr) serviert authentische, modern inspirierte indische Kost, einsehbare Küche und Bar mit einfallsreichen Drinks. **Siddharta Lounge** €€€ (So.–Do. 17–2, Fr., Sa. 17–4 Uhr) ist ein beliebtes Dachterrassen-Lounge-Restaurant mit kreativen Cocktails, asiatischen und mediterranen Speisen.

Die Tribünen der Formel-1-Rennbahn Yas Marina Circuit (s. S. 43) erinnern an Beduinenzelte

MEIN TIPP

Spaß auf Yas

Yas bietet Abenteuerlustigen actionreiche Attraktionen und Familien fantastische Freizeitvergnügungen:

S 12 [im] **Clymb,** Yas, Yas Drive, www.clymbabudhabi.com, Tel. 600 511115, Mi.–Fr. 13–21, Sa., So. 12–21 Uhr, Eintritt: Kletterwände ab 120 Dh, Flugeinsteiger ab 235 Dh. Das futuristisch im Stil eines Riesenkristalls geformte Gebäude birgt den weltgrößten Innen-Windkanal für Fallschirmspringen (Höhe 32 Meter, Breite 9,7 Meter) und die welthöchste Hallen-Kletterwand (Höhe 42,16 Meter). Für weniger geübte Kletterer stehen niedrigere Wände zur Verfügung. Die Flugabenteuer sind nicht nur für Adrenalinjunkies, sondern für alle geeignet – vom Erstflieger ab dem Alter von 3 Jahren bis zum professionellen Fallschirmspringer.

★13 [im] **Ferrari World,** Yas, 452 Yas Drive, www.ferrariworldabudhabi.com, Tel. 600 511115, 11–20 Uhr, Eintritt: ab 325 Dh. Dem Ferrari-Rennsport verschriebener Freizeitpark mit markant rotgeschwungenem – begehbarem – Dach. 40 Attraktionen für Familien, Kinder und Adrenalinjunkies. Für Letztere interessant ist **Formula Rossa,** die schnellste Achterbahn der Welt: Hier kann man leibhaftig „erfahren", wie schnell 240 km/h sind. **Mission Ferrari** ist eine 5D-Mega-Achterbahn, die multisensorische Effekte mit innovativen Kulissen kombiniert. Der Achterbahnlooping **Flying Aces** erklimmt 63 Meter im 51-Grad-Winkel. Im **Turbo Track** saust man durch eine Öffnung des markanten roten Hallendachs im freien Fall senkrecht nach unten; alternativ kann man per Gurt gesichert über das Dach spazieren. Der – adrenalienfreie – Familienbereich bietet kinderfreundliche Miniaturversionen der berühmtesten Parkattraktionen. Auch vielerlei Events, Spiel- und Spaßaktionen, Cafés, Restaurants und der weltgrößte Ferrari-Store werden geboten.

★14 [jm] **SeaWorld Abu Dhabi**, Yas, 229 Yas Drive, Tel. 600 511115, www.seaworldabudhabi.com, 10–18 Uhr, Eintritt: 375 Dh, Extrakosten für Expeditionen und Erlebnisse, z. B. Seeotter-, Delphin- oder Walross-Begegnungen, Unterwassertouren. Dieser hochmoderne, familienfreundliche Indoor-Meeresfreizeitpark nimmt fünf Ebenen und eine Fläche von ca. 183.000 Quadratmetern ein und umfasst acht Unterwasser-Lebensräume – von den Polen zu den Tropen. Geboten werden hautnahe Tierbegegnungen, interessante Präsentationen, interaktive Erlebnisse, unterhaltsame Shows und spannende Fahrgeschäfte. Auch Restaurants und Imbisse gibt es im Park. Der zentrale Bereich namens **One Ocean** vereint verschiedene Meeresumgebungen, um die Verflechtung des Lebens an Land mit dem Leben in den Ozeanen zu verdeutlichen. Gezeigt wird u. a. eine spannende 360-Grad-Multimedia-Aufführung und im **Animal Care Centre** erhält man Einblicke in die Tierpflege. **Abu Dhabi Ocean** zeigt das Meeresökosystem des Arabischen Golfes und vermittelt Einblicke in die Tradition des Perlentauchens. Dem Park angeschlossen ist **SeaWorld Research and Rescue Abu Dhabi,** ein Forschungs-, Rettungs-, Rehabilitations- und Rückführungszentrum für verletzte Meerestiere, das zudem erstklassige Einrichtungen zur Unterstützung regionaler und globaler Naturschutzmaßnahmen und Meeresstudien bietet.

★15 [im] **Warner Bros. World Abu Dhabi,** Yas, 606 Yas Drive, www.wbworldabudhabi.com, Tel. 600 511115, 11–20 Uhr, Eintritt: ab 325 Dh. Unter dem Dach dieses riesigen – klimagekühlten – Indoor-Vergnügungsparks kann man Spaß mit

Hollywoods berühmtesten Film- und Superhelden, Comic-, Cartoon- und Actionfiguren haben. Geboten werden 29 familienfreundliche und hochmoderne Fahrgeschäfte und viel Live-Entertainment in sechs Erlebniswelten. 20 Speisestätten und ein Hotel ergänzen den Park. Künftige Besucher sollten die Zauberstäbe bereit halten, denn demnächst wird eine Harry-Potter-Themenwelt eröffnen.

S 16 [im] **Yas Marina Circuit,** 370 Yas Drive, Tel. 800 927, www.yasmarinacircuit.com. Alljährlich im November findet hier als fester Bestandteil der Formel-1-Serie der Formula 1 Etihad Airways Abu Dhabi Grand Prix statt (s. S. 77). Spitzenfahrer und Fans aus aller Welt geben sich ein Stelldichein, bis zu 45.000 Zuschauer können live zusehen. Die Rennbahn ist 5,55 km lang – im Durchschnitt wird eine Runde in 1 Minute und 40 Sekunden gefahren. Das Formel-1-Rennen umfasst 55 Runden, also 305 km. Die Streckenführung lässt für andere Rennen auch kürzere Runden zu. Es wird eine Vielzahl an Motorsportveranstaltungen unterschiedlicher Klassen ausgetragen. Beliebt sind auch die Drag-Racing-Abende. Interessant sind zudem die geführten Besucherrundgänge (2 Stunden, 130 Dh). Bei Events wie TrainYas oder TriYas dürfen Fußgänger, Jogger und Radfahrer die Rennbahn erkunden. Diese Events sind gratis, man muss sich jedoch vorab online registrieren. Außerdem kann man beispielsweise Kart fahren (15–23 Uhr, ab 120 Dh), bei DriveYAS im Rennwagen selbst seine Runden drehen (ab 920 Dh) bzw. als Beifahrer mitfahren (ab 110 Dh).

★17 [im] **Yas Waterworld,** Yas, 522 Yas Drive, www.yaswaterworld.com, Tel. 600 511115, Sa.–Do. 10–19, Fr. 13–22 Uhr, Fr. Ladies Day, Eintritt: ab 270 Dh. Wasserpark mit über 40 Attraktionen – nasser Spaß für kleine und ältere Kinder, Abenteuerlustige und Wagemutige. Der Park thematisiert die Geschichte eines emiratischen Mädchens auf der Suche nach einer legendären Perle, die hoch oben den Park überragt. Erlebnishungrige können ein Perlentaucherlebnis oder eine VR-Unterwassertour buchen. Eine Hauptattraktion für Adrenalinfans ist Dawwama, eine 238 m lange Trichter-Tornado-Wasserbahn mit hydromagnetischem Antrieb für sechs Personen. Der Bandit Bomber, eine 550 m lange Achterbahn, hat Wasser- und Lasereffekte an Bord.

› **Multi Park Tickets:** Ferrari World, Yas Waterworld, SeaWorld und Warner Bros. World bieten preisgünstige Kombitickets zum Besuch von mehreren Parks, auch mehrere Tage gültig.

Der Freizeitpark Yas Waterworld bietet Wasserspaß für Groß und Klein

16 Yas Mall ★★ [im]

Auf 235.000 m² Verkaufsfläche finden sich derzeit rund 370 Geschäfte. Nach Umgestaltungen und Erweiterungen sollen mehr als 100 neue Shops bereitstehen.

Die **verschachtelten Gebäudeteile** sind architektonisch raffiniert geplant, der Grundriss spiegelt die Form einer Wüstenlilie wider. Abends wird das Gebäude aufwendig ausgeleuchtet. Helligkeit und Geräumigkeit zeichnen diese Mall aus, Palmen, Brunnen und architektonische Rafinessen säumen die Gänge. Herzstück ist der Town Square, ein riesiger glasüberdachter Treffpunkt, auch diverse Events werden hier veranstaltet. Zukünftig soll Außengastronomie diesen Platz bereichern.

Die Läden der Yas Mall bieten einen **Angebotsmix** bekannter internationaler Ketten und exklusiver Modelabels.

In den 90 **Gastronomiebetriebe** findet sich etwas für jeden Geschmack und Geldbeutel. Am Übergang zum Freizeitpark Ferrari World (s. S. 42) gelegen und mit Blick auf das spektakuläre Hallendach bündelt der mit einem riesigen Brunnen bestandene Bereich **The Fountains** knapp ein Dutzend multinationale, zumeist mittelpreisige Speisestätten, in denen man drinnen oder auch draußen am großen Brunnenufer speisen kann (https://thefountains.ae). **Huna** vereint im Erdgeschoss als innovative Foodhall Speisen aus 23 Weltwinkeln und bietet vom Frühstück bis zum Abendessen Gerichte in allen Preiskategorien von günstig bis Gourmet, zudem gibt es einen Co-Working-Space (https://iamhuna.com). Für den kleinen Hunger sind die Kekse mit Kamelmilch und orientalischen Gewürzen vom Camel-Cookies-Kiosk (Erdgeschoss) ein Hit.

Neben Shoppen und Speisen wird Spaß geboten. Kindern bieten die **Unterhaltungszentren** Fun Works, KidZania und Air Maniax jede Menge Platz und Gelegenheiten zum Spielen und Toben. Auch im Trampolinpark Just Trampo, im LEGO-Spielezentrum oder auf der Rolling-Wheels-Rollschuhbahn steht Spaß an erster Stelle. Die 24 VOX-Kinos sind auf dem neuesten Stand der Technik.

› Yas, 150 Al Maha St., Tel. 800 9276255, www.yasmall.ae, 10–22 Uhr

Al Maryah und Al Reem

Diese benachbarten Inseln schließen sich nordöstlich an den Stadtteil Al Zahiyah an. Mehrere Brücken bieten Zufahrt und sie sind auch untereinander verbunden.

Beide Inseln weisen wenige touristische Sehenswürdigkeiten auf, wohl aber **Einkaufsgelegenheiten:** Auf **Al Maryah** lädt The Galleria (s. S. 68) zum hochwertigen Shoppen und Schlemmen an einer Uferpromenade ein. **Al Reem** bietet mit der Reem Mall 17 eine Einkaufsstätte der Superlative. Der Reem Central Park (s. S. 71) ist ein beliebter Familienpark am Strand. Al Reem wird zukünftig weiter ausgebaut, beispielsweise mit dem üppig begrünten Villenviertel Reem Hills (www.qholding.com).

17 Reem Mall und Snow Abu Dhabi ★★ [cm]

Die riesige Reem Mall ist eine **Mega-Mall,** die 400 Geschäfte und 85 Restaurants, ein VOX-Kinozentrum, einen Carrefour Hypermarkt und Unterhaltungsangebote umfasst.

Eine besondere Attraktion bietet sich auf der zweiten Ebene, denn hier kann man bei Eiseskälte Spaß im Schnee haben: Die 10.000 Quadratmeter riesige Halle des auf -2 °C gefrosteten **Schneeparks Snow Abu Dhabi** bietet eine 500 mm dicke Schneedecke. Snow Abu Dhabi gehört zu den **weltgrößten Indoor-Schneeparks.** Es gibt zwölf Fahrgeschäfte und 17 weitere fantastische Attraktionen wie Zauberbaum, Kristallkarussell, Schneeflockengarten, Eislabyrinth, Schneerodelbahn, Riesenrutschen und die Bimmelbahn Polar Express. Täglich finden **Events oder Shows** statt, zwei Restaurants und das mit Wärmelampen ausgestattete Ice Café laden zur Rast ein. Im Gegensatz zu klassischen Skihallen bietet Snow Abu Dhabi keine Skipisten.

› **Reem Mall:** Al Reem, 31 Al Ghazal St., Tel. 800 707070, https://reemmall.ae, So.–Do. 10–22, Fr., Sa. 10–24 Uhr
› **Snow Abu Dhabi:** Tel. 600 599905, www.snowabudhabi.com, So.–Do. 10–22, Fr., Sa. 10–24 Uhr, Snow Park Pass (Tagespass inkl. Verleih von Winterbekleidung) ab 215 Dh
› **Tipp:** Im Winterrestaurant The Lodge können auch Mall-Besucher ohne Snow-Abu-Dhabi-Eintrittskarte einkehren.

Festlandvororte

Auch auf dem Festland vor der Hauptinsel bieten sich Touristen interessante Sehenswürdigkeiten. Ansonsten sind die Industriezone Mussafah und der internationale Flughafen bedeutsam. Etliche Wohnviertel werden weiter ausgebaut oder entstehen neu, so etwa Al Raha – 11 km entlang an der Küste – und New Khalifa City weiter im Landesinneren. Bekannt ist das in Bau befindliche Stadtviertel Masdar City.

Masdar City (s. S. 47) hat sich Klimafreundlichkeit und Nachhaltigkeit auf die Fahnen geschrieben – in **Al Raha** geht es v. a. um komfortables Wohnen am Meer. **Al Raha Beach** bezeichnet zwölf zwischen dem Festland und Yas liegende Neubau-Einzelstadtteile (z. B. Al Bandar, Al Muneera, Al Zeina, Al Dana, Al Seef), die vornehmlich Apartments, Stadthäuser, Villen, Büros, Bildungseinrichtungen und Jachthäfen bieten bzw. bieten werden,

111ad Abb.: kk

⊡ *Ausblick auf die Uferpromenade von Al Maryah*

aber auch Freizeitstätten, Gärten, Gastronomiebetriebe und Geschäfte. Kleine Kunstinseln und der geschwungene Al Raha Creek charakterisieren dieses ufernahe Top-Wohnviertel, in dem nach Bauvollendung 120.000 Menschen werden leben können.

Von der Hauptinsel führen im Südosten – jenseits der Shaikh Zayed Grand Mosque – die **drei Brücken** Shaikh Zayed, Maqta' und Musaffah über den Al-Maqta'-Kanal aufs Festland. Und ab dort geht es beispielsweise auf der Autobahn E22 weiter nach Al Ain (s. S. 50) oder über die E11 nach Dubai. Im Nordosten, vom Hafenviertel kommend, führt der **Shaikh Khalifa Bin Zayed al Nahyan Highway** (E12) über die Shaikh Khalifa Bridge, die Insel Saadiyat, weitere kleine Inseln und Yas auf das Festland.

MEIN TIPP

Abra-Bootsfahrten

Die Hauptinsel Abu Dhabis wird vom Festland durch den **Kanal Khor Al Maqta'** getrennt. An seinen Ufern befinden sich **The Souq at Qaryat Al Beri** 18 und auch die beidseitig vom Souq gelegenen Luxushotels Fairmont Bab Al Bahr (s. S. 122), Traders Hotel Qaryat Al Beri und Shangri-La Qaryat Al Beri. Ein schmaler, künstlich angelegter Wasserkanal verbindet diese drei Hotels und den Souq miteinander, darauf bietet sich die Gelegenheit, kleinere Touren auf traditionellen Holzbooten – Abra genannt – zu unternehmen (für Hotelbewohner gratis, für alle anderen 25 Dh 10–22 Uhr).

Auf der Festlandseite zweigt vom Kanal Khor Al Maqta' der **Kanal Al Qana** ab, an seinen Ufern befindet sich das Freizeitviertel Al Qana 19 samt dem National Aquarium. Täglich zwischen 16 und 24 Uhr kann man dort an einer Bootstour teilnehmen (20 Min., 25 Dh).

18 The Souk at Qaryat Al Beri ★★ [fo]

Dieser orientalische Souq ist die moderne Adaption eines traditionellen Geschäftsviertels. Das zweigeschossige Gebäude ist im arabischen Stil erbaut und bietet rund 6000 m² Verkaufsfläche. Hier kann man bei klimatisierten Bedingungen shoppen und das stilvolle Ambiente genießen.

Die **Geschäfte und Boutiquen** verkaufen Parfüms und Räucherwaren, Bekleidung, Schmuck, Handwerksprodukte, Antiquitäten, Dekowaren und Andenken mit gehobenem Preisniveau. An vielen Freitagen wird ein **Kunst- und Handwerksmarkt** veranstaltet. Zudem bieten rund ein Dutzend **Restaurants, Cafés, Eisdielen und Bars** Speis und Trank. Herrlich sind die Plätze auf den teilweise von Arkaden gesäumten Außenterrassen und überraschenderweise wird auch Alkohol ausgeschenkt.

Das Areal befindet sich direkt gegenüber der Hauptinsel am Kanal Khor Al Maqta'.

› Al Maqta', zwischen den Brücken Maqta', 60 Al Khor St., und Musaffah am Khor Al Maqta', www.soukqaryatalberi.com, Tel. 5581670, Geschäfte: Sa.–Do. 10–22, Fr. 12–24 Uhr

19 Al Qana und National Aquarium ★★ [fo]

Das auf dem Festland nahe der Abu Dhabi Hauptinsel gelegene Al Qana ist ein vor allem von Familien gerne besuchtes Freizeit- und Flanierviertel. Herzstück ist der künstlich angelegte **Kanal Al Qana.** Beide Uferseiten sind 2,4 km lang, vier Fußgängerbrücken verbinden sie miteinander. Begrünte Spazier- und Joggingwege und fantasievoll in Wellenformen gestal-

Mein Tipp

Masdar City besuchen

Der nahe am Flughafen gelegene, noch in Bau befindliche Stadtteil Masdar City hat als **ökologische Vorzeige-Zukunftsstadt** Berühmtheit erlangt. Interessierte können manche Areale besuchen, etwa den Campus des Masdar Institute of Science and Technology, eine Besucherausstellung zur Siemens-Technologie im Siemens-Hauptquartier, die My City Centre Masdar Mall oder den Masdar Central Park. Man kann Eindrücke zu nachhaltigen Bauweisen und Wissenschaftsfortschritten sammeln, die Fußgängerfreundlichkeit genießen, in einem der Cafés oder Restaurants einkehren oder sich unter einem riesigen modernen Windturm niederlassen und die kühlende Brise genießen.

Damit zu Fuß gehen Trumpf ist, sollten Autos geparkt werden (Besucherparkplatz North Car Park). Den Transport vor Ort übernehmen **autonom steuernde Kleinbusse** und ebenfalls fahrerlose kompakte **Kabinenwagen**, die bis zu vier Personen durch spezielle Korridore zu ihrem Ziel bringen – auch Fracht- und Versorgungswagen sind im Einsatz. Die strombetriebenen PRT (*Personal rapid transit*) oder auch Pod-Car genannten Vehikel fahren computergesteuert und navigieren mittels im Boden eingelassener Magnetbahnen (So. bis Do. 9–17 Uhr).

★18 [jo] **Masdar City,** www.masdarcity.ae, Tel. 6533333. Ein Besucher-Informationsbereich befindet sich in der Lobby der PRT-Station am Gebäude des Masdar Institute (Building 1A). Die Besucherausstellung des Siemens Ingenuity for Life Center im Erdgeschoss des Siemens Hauptquartiers öffnet So. bis Do. 9–18 Uhr.

› Zum nachhaltigen Konzept des Stadtteils s. S. 88.

041ad Abb.: kk

⌃ *Ein wahrlich „cooler“ Windturm in Masdar City*

109ad Abb.: © Masdar City

› *Per Pod unterwegs in Masdar City*

tete, blütenweiße Gebäude säumen den Kanal. Geboten werden vielerlei **Unterhaltungsmöglichkeiten** wie beispielsweise die Action- und Abenteuerhalle Adrenark Adventure (s. S. 111), der Gaming-, VR- und E-Sports-Hub Pixoul, der Kinokomplex Cinemacity, das Wellness- und Lifestylezentrum The Bridge und der Kinderspielplatz Fun Land. Eine Vielzahl von **Cafés und Restaurants** haben Außenterrassen an der Kanalpromenade. Essensstände und Foodtrucks ergänzen das Angebot. Der **Jachthafen Al Qana Marina** bietet auch denjenigen, die keine Jacht besitzen, Speis und Trank in Restaurants und Cafés sowie Wassersportmöglichkeiten wie einen Kajak-Verleih oder Stand-up-Paddling.

Highlight in Al Qana ist **The National Aquarium:** Das Aquarium beherbergt über 330 Arten bzw. 46.000 Meeres- und Landtiere. In zehn Themenzonen sind spannende Fakten zur Meeresflora und -fauna detailverliebt dargestellt und mit interaktiven Informationsmöglichkeiten bestückt.

137ad Abb.: © Al Qana

Die **V.A.E.-Naturschätze** (engl. *UAE's Natural Treasures*) sind eine Hommage an die **Geschichte des Perlentauchens,** die mit animierten Gemälden und Videomapping-Technologie illustriert wird. Beeindruckend sind auch die biolumineszierenden Meereslebewesen – beliebt sind die Papageientaucher im „gefrorenen Ozean". Etwas Besonderes ist die Unterwasser-Erkundung eines Schiffswracks. Dem Aquarium angegliedert ist ein **Rettungs- und Rehabilitationszentrum,** dessen Ziel es ist, verletzte einheimische Wildtiere wieder in ihren natürlichen Lebensraum zu integrieren.

› **Infos Al Qana:** Tel. 4186666, https://alqana.ae
› **Infos National Aquarium:** Tel. 4186666, www.thenationalaquarium.ae, 10–22 Uhr, Eintritt ab 110 Dh, Extrakosten für Erlebnisse, z. B. Fahrt mit Glasbodenboot oder Tierbegegnungen
› Tipp: Ab den Bootsanlegestellen H (National Aquarium) und E (Cinemacity) startet die **Grand Cruise,** eine Rundtour in hölzernen Abra-Booten durch die Wasserstraßen von Al Qana und Al Maqta', 16–24 Uhr, 25 Dh pro Person, Dauer: 20 Minuten, ohne Vorbuchung.
› **Gastronomie-Tipps:** Tazal kombiniert arabische Kost mit internationalen Aromen (8–22.30 Uhr); Oii serviert mediterrane Speisen wie Pasta und Paella (10–23 Uhr); Cave ist ein im Höhlenstil gestaltetes, gemütliches Tapas-Café (9–24 Uhr); das Café Notorious im New-York-Retro-Stil der 1960er Jahre bietet hauseigene Kaffeeröstungen (7–24 Uhr).

◁ *Das Freizeitviertel Al Qana liegt malerisch am Kanal*

▷ *Bei einer Besichtigungstour durch das Falkenkrankenhaus kommt man den Tieren ganz nah*

042ad Abb.: © Abu Dhabi Falcon Hospital

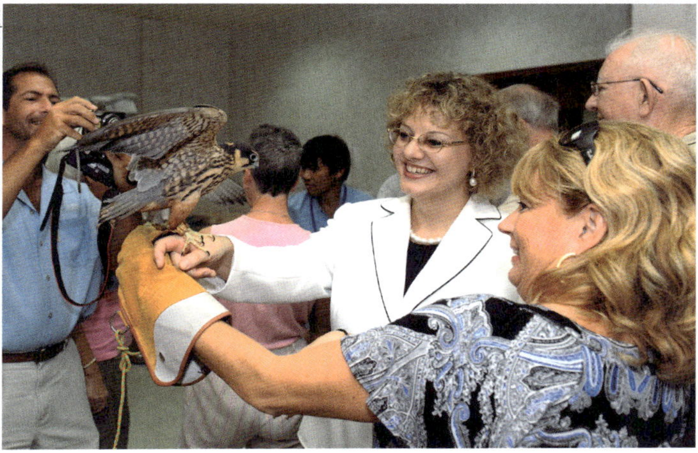

20 Falcon Hospital ★★

Viele Emiratis lieben die Falknerei und für ihre Lieblinge gibt es in Abu Dhabi ein spezielles **Falkenkrankenhaus.** Es ist das größte seiner Art und zugleich ein bedeutsames Institut für Falkenmedizin und -forschung. Interessanterweise wird es von einer deutschen Tierärztin, Dr. Margit G. Müller, geleitet.

Hier werden eine Vielzahl medizinischer Analysen und Untersuchungen, chirurgische Behandlungen und Rehabilitationsmaßnahmen speziell für Falken angeboten. Häufig müssen lädierte oder verlorengegangene Federn von Flügeln oder Stoß ersetzt werden. Dafür verfügt das Krankenhaus über ein großes Sortiment von Ersatzfedern, die mittels eines speziellen Klebeverfahrens genau in der passenden Form, Größe und Farbschattierung eingesetzt werden. Die exakte Passgenauigkeit bewirkt, dass die Flugfähigkeit nicht beeinträchtigt und damit der Wert des Tieres nicht geschmälert wird. Auch möglich sind verschiedene Operationen, falls die Tiere sich beispielsweise beim Beuteschlagen oder beim Kampf mit anderen Falken verletzt haben.

Vom Krankenhaus wird zudem ein **Falken-Aufzucht- und Auswilderungs programm** durchgeführt. Für Hunde und Katzen gibt es ebenfalls ein Behandlungszentrum und ein Tierheim.

Für Touristen empfehlenswert ist die **Falcon World Tour**, die gut organisiert und informativ ist. Man wird durch die verschiedenen Abteilungen des Falkenkrankenhauses geführt und kann auch Behandlungen verfolgen, beispielsweise eine Krallenpediküre oder einen Federersatz. In einer großen Voliere sieht man die Vögel dann im freien Flug. Auch kann man die hauseigene **Falknereiausstellung** sehen und bekommt ein Erinnerungsfoto mit Falken auf dem Arm.

› Al Shamkha, 1 Al Shai' St., hinter dem International Airport, Tel. 5755155, www.falconhospital.com, Führungen: Mo.–Do. 10 und 14 Uhr, Fr., Sa. 10 Uhr, ca. 2 Std., Erwachsene 178,50 Dh, Kinder 5–9 Jahre 63 Dh. Voranmeldung erforderlich.

Ausflugsvielfalt

Wer Abu-Dhabi-Stadt den Rücken kehren möchte, kann bei diesen Vorschlägen zwischen Wüstencamp und Oasenidylle wählen:

Unbedingt empfehlenswert ist ein **arabischer Wüstenabend.** Nahezu alle Tourveranstalter (s. S. 116) haben für Touristen konzipierte Wüstensafaris bzw. Wüstenausflüge im Programm, die meist zu kühleren Abendstunden in ein in den Sanddünen gelegenes sogenanntes Beduinencamp führen (ca. 200–350 Dh inkl. Hin- und Rückfahrt). Gäste können sich hier bei Musik und Tanz, Speis und Trank auf einem Lager aus Teppichen und Kissen entspannen und den Sternenhimmel betrachten. Meist werden Grillgerichte zubereitet, während Bauchtanzshows und Hennamalerei stattfinden. Kamelritte und Sanddünenski sind weitere Arrangements.

Die **Al Wathba Fossil Dunes Protected Area** ist ein Schutzgebiet mit versteinerten Dünenformationen. Hier wurde ein Besucherareal samt Aussichtsplattform, Informationszentrum und drei Kilometer langen Spazierwegen eingerichtet. Auch abends lohnt ein Besuch, denn etliche Dünen und die Wege sind beleuchtet. Entlang der Spazierpfade informieren Schrifttafeln über diesen besonderen Naturraum – Sonnenschirme und Sitzgelegenheiten laden zur Rast ein. Gelegentlich finden Musik- und Lichtshows im 200 Zuschauer fassenden Amphitheater statt. Foodtrucks bieten Speis und Trank an.

Eine fossile Düne besteht aus leicht zementiertem, quer geschichtetem Dünensand, der durch Ablagerungen von Kalziumkarbonat und anderen Salzen aus dem Grundwasser während der Eiszeit vor etwa 120.000 Jahren entstanden ist. Die skurrilen Formationen bilden sich durch ein Zusammenspiel aus Wind, Wasser und Sedimentzufuhr. Mehr als 1700 seltene fossile Dünen stehen im insgesamt über 7 Quadratkilometer großen Schutzgebiet.

› **Al Wathba Fossil Dunes Protected Area**, Mo.–Do. 8–22, Fr.–So. 8–23 Uhr, https://ead.gov.ae, Tel. 6934444

Der **Oasenort Al Ain** ist die zweitgrößte Stadt des Emirats und liegt nur ca. 160 km von Abu-Dhabi-Stadt entfernt. Neben der malerischen Lage am Fuße der Hajar-Berge am Rand von ausgedehnten Sanddünengebieten gefällt Touristen der dörfliche Charakter und das grün-blumenbunte Stadtbild Al Ains. Der Name „Al Ain" bedeutet übersetzt „die Quelle" – und Dank vieler Wasserquellen liegt hier das fruchtbarste Gebiet des Emirats Abu Dhabi. Al Ain ist eine der ältesten dauerhaft bewohnten Siedlungen der Welt und war einst ein wichtiger Karawanenstützpunkt zwischen dem Golf und Oman. Mehrere Oasengärten sowie Forts können besichtigt werden, zudem ein Zoo und ein archäologischer Park. Bedeutsame archäologische Stätten mit Siedlungsrelikten, Bewässerungssystemen und Gräbern wurden – bisher einmalig für die V.A.E. – als Kulturstätten von Al Ain in die Liste des UNESCO-Weltkulturerbes aufgenommen. Big Bus (s. S. 115) bietet eine Tagesfahrt nach Al Ain an. Der Ort ist via Autobahn in knapp zwei Fahrstunden per Mietwagen erreichbar, sodass ein Besuch schon als langer Tagesausflug zu realisieren ist (Fernbusse der Linie X90 brauchen ca. 2½ Std. und fahren tagsüber im Zweistundentakt, s. S. 127). Infos: www.visitabudhabi.ae.

ABU DHABI ERLEBEN

138ad Abb.: kk

Abu Dhabi für Kunst- und Museumsfreunde

Prestigeträchtige Kulturprojekte zu realisieren, ist in jüngster Zeit zum Markenzeichen von Abu Dhabi geworden. Das Interesse an Kunst aus aller Welt ist groß und dieses Kunstinteresse zu fördern, erscheint ähnlich wichtig wie die Bewahrung der eigenen kulturellen Identität. Mehrere interessante Kulturprojekte sind in Bau – selbstverständlich sind auch architektonische Highlights dabei (s. S. 90).

Die Website von **Abu Dhabi Culture** (abudhabiculture.ae) bietet vielerlei Infos über Museen und weitere kulturelle Sehenswürdigkeiten, Kulturzentren, das kulturelle Erbe und Landestraditionen, Galerien, Künstler, Theater und Konzerte. Es gibt einen Veranstaltungskalender und Podcasts.

Museen

Das bekannteste – und architektonisch markanteste – Museum der Stadt ist der **Louvre Abu Dhabi** 13 auf der Insel Saadiyat. Im Stadtzentrum beherbergt das **Fort Qasr Al Hosn** 9 ein sehenswertes Museum, das Stadtentwicklung, Festungsgeschichte, das Leben und Wirken der Herrscherfamilien sowie zahlreiche kulturelle Themen veranschaulicht.

Das auf der Wellenbrecherhalbinsel gelegene **Heritage Village** 6 gleicht einem Kulturerbe-Dorf.

Das **Shaikh Zayed Heritage Centre** 4 zeigt eine Ausstellung zur Herrscher- und Landesgeschichte.

⊲ *Vorseite: Musikantenparade auf dem Shaikh Zayed Heritage Festival (s. S. 77)*

⊳ *Street-Art in Al Raha*

Kunstgalerien

Abu Dhabi überrascht mit einer vielfältigen **Kunstszene** und da zahlreiche Einwohner Abu Dhabis aus dem Ausland stammen, zeigt sie sich auffallend kosmopolitisch.

- Infos zu **Ausstellungsterminen** s. S. 77
- Die **Abu Dhabi Music & Arts Foundation** ist eine Kulturorganisation, die Infos zu Musik- und Kunstprojekten bietet, www.admaf.org.
- **Abu Dhabi Art** ist eine alljährliche Kunstmesse (s. S. 77).

19 [F3] **Cultural Foundation,** 319 Al Hosn, Sheikh Rashid bin Saeed Al Maktoum St., Tel. 6576348, www.culturalfoundation.ae, Sa.–Do. 9–20, Fr. 14–20 Uhr. Vielfältig ist das Programm dieser gemeinnützigen, 1981 vom Staatsgründer Shaikh Zayed initiierten Mehrzweck-Kulturstiftung. Vis-à-vis zum historischen Fort 9 finden Ausstellungen der bildenden und darstellenden Kunst einschließlich Musik und Tanz, Kunst-Workshops sowie Theateraufführungen, Lesungen u. v. m. statt. Auch Künstlerstudios, die National- und eine Kinderbibliothek gehören zu dieser öffentlichen Institution, die als national bedeutsamer Kunst- und Kulturstandort fungiert.

20 [C4] **Etihad Modern Art Gallery,** Al Bateen, 15 Al Huwelat St., Tel. 26210145, www.etihadmodernart.com, So., Di., Do. 11–18 Uhr. In einer Stadtvilla werden Werke von etablierten emiratischen und internationalen Künstlern und Newcomern ausgestellt. Angegliedert ist das Art House Café (s. S. 61). Eine weitere Filiale – mit touristischem Sortiment – findet sich im Souq Al Jami' der Shaikh Zayed Grand Mosque 12.

21 [dk] **Manarat Al Saadiyat,** Saadiyat, http://manaratalsaadiyat.ae, Tel. 6575800, 10–20 Uhr. Dieser „Erleuch-

tete Ort Saadiyats" soll Kunst ins rechte Licht rücken. In den Galerieräumen finden wechselnde Kunstausstellungen und -veranstaltungen sowie Workshops statt.

22 [dl] **NYUAD Art Gallery,** Saadiyat, in der New York University Abu Dhabi, Tel. 6288000, www.nyuad-artgallery.org, Di.–So. 12–20 Uhr. Wechselnde Ausstellungen, Projekte und Veranstaltungen verschiedener Kunstrichtungen, experimentell sowie traditionell, international sowie regional, auch Skulpturengarten. Angeschlossen ist das Veranstaltungszentrum NYUAD The Arts Center (s. S. 64).

23 [eo] **Salwa Zeidan Gallery,** Al Rawdah, 1778 Sh. Rashid bin Saeed St., im Hilton Capital Grand Hotel, Tel. 050 3988319, www.salwazeidangallery.com, Mo.–Fr. 10–18 Uhr. Moderne lokale und internationale Kunst – Malerei, Fotografie, Bildhauerei, Darstellende Kunst etc. – von etablierten Künstlern und Newcomern.

24 [J1] **Warehouse421,** Zayed Port, 76 Al Funs St., Tel. 6768803, www.warehouse421.ae, Di.–So. 10–20 Uhr. Das am Dhau-Hafen in Zayed Port gelegene alte Lagerhaus dient als unabhängige, interdisziplinäre Kunstplattform für wechselnde Ausstellungen und Performances lokaler und internationaler Künstler verschiedener Sparten; auch Konzerte, Gesprächsrunden, Kulturevents, Workshops, Kunst- und Kreativmärkte etc. Mit angeschlossenem AURO Café (s. S. 61).

Öffentliche Kunst

Public Art Abu Dhabi ist eine vom Department of Culture and Tourism (DCT, s. S. 104) ins Leben gerufene Initiative, die darauf abzielt, Kunst und Kultur für jedermann erlebbar im Stadtgefüge zu verankern.

Die Initiative umfasst drei Hauptprojekte: erstens die alle zwei Jahre veranstaltete **Biennale,** die im November 2024 mit neuen Kunstwerken in der ganzen Stadt eröffnet werden soll. **Manar Abu Dhabi** ist zweitens eine öffentliche Plattform, auf der eine Reihe von Lichtskulpturen und -installationen, eingebunden in Naturräume wie Mangrovenwälder, präsentiert wird. Zum Dritten umfasst Public Art Abu Dhabi die Installation von **Auftragsarbeiten** in ganz Abu Dhabi. Regionale wie auch internationale Künstler werden dafür engagiert.

115ad Abb.: kk

Eröffnet wurde Public Art Abu Dhabi im März 2023 mit der Enthüllung von **WAVE,** einem öffentlichen digitalen Medienkunstwerk des südkoreanischen Künstlerkollektivs d'strict, an einer Außenfassade der Kulturstiftung (Cultural Foundation, s. S. 52). Diese beeindruckende Installation nutzt eine spezielle Illusionstechnik, um dreidimensional wogende Wellen nachzubilden. Eine zweidimensionale Videoleinwand simuliert einen Meeressturm in einem Glaskubus.

Abu Dhabi für Genießer

Abu-Dhabi-Stadt bietet eine Vielzahl an Gastronomiebetrieben mit einer kulinarischen Vielfalt, die keine Ländergrenzen kennt und für jeden Geldbeutel etwas bietet.

Die meisten Restaurants, vor allem die der Hotels, servieren Essen von 12 bis 15 und von 19 bis 23 Uhr. Am **Freitagmittag** (eine wichtige muslimische Gebetszeit) schließen viele Straßenrestaurants bzw. öffnen erst am frühen Nachmittag – Hotelrestaurants haben dagegen geöffnet. Restaurants und Cafés in den Einkaufszentren haben meist durchgehende **Öffnungszeiten** von 10 bis 22 Uhr (z. T. freitagmittags während der Gebetszeit geschlossen), auch wenn manche benachbarten Geschäfte und Boutiquen über Mittag geschlossen sind. Auch Food Courts bzw. Foodhalls sind durchgängig geöffnet (außer freitags). Sonderregelungen gelten während des Fastenmonats **Ramadan** (s. S. 78).

Alkohol (s. S. 62) wird – bis auf wenige Ausnahmen – in Hotels sowie in lizenzierten Lokalen ausgeschenkt, die meist an Hotels angeschlossen sind.

Üblicherweise bieten Gastronomiebetriebe, Bars, Lounges und Clubs großer Hotels sowie Cafés, Restaurants und Food Courts in Malls und Einkaufszentren **WLAN**.

Auf der Speisekarte bzw. Rechnung von Hotelrestaurants findet man die Zeichen ++. Sie bedeuten, dass zum Preis für Essen bzw. Getränke noch Steuern und Gebühren addiert werden. Wer möchte, darf dem Servicepersonal persönlich noch **Trinkgeld** geben: Maximal ca. 10 % des Rechnungsbetrages sind angemessen. In einfachen Restaurants, Imbissen, Coffeeshops, Foodtrucks und Fast-Food-Lokalen fallen die Gebühren nicht an und die Vergabe von Trinkgeld ist eher unüblich – dort ist auffallend guter Service mit 5 Dh angemessen honoriert.

Ausgewählte Restaurants

Die folgenden Tipps beinhalten gleichermaßen Gastronomiebetriebe in Hotels als auch eigenständige Restaurants. In den Malls und Einkaufszentren (s. S. 66) finden sich weitere Lokale.

Orientalische Speisekarte

Wer authentisch arabisch essen möchte, der wird zum Beispiel Gefallen an libanesischer Küche finden. Viele Restaurants bieten auch die Möglichkeit, eine **Wasserpfeife** zu rauchen (Shisha, ab 30 Dh).

- **25** [I2] **Al Dhafra Restaurant** €€€, Al Zahiyah, Corniche St., im Heritage Park, Tel. 6732266, https://aldhafrauae.ae, 12–23 Uhr. Hier gibt es Fisch und Meeresfrüchte, emiratische, orientalische und internationale Kost. Büfetts und Gerichte à la carte. Auch Dinner-Rundfahrten auf traditionellen, hölzernen Dhau-Schiffen mit Menü werden angeboten (s. S. 58).
- › **Al Fanar Restaurant & Café** €€€, 9–22 Uhr, www.alfanarrestaurant.com. Nostalgisch eingerichtetes Restaurant/Café mit emiratischen Speisen – auch Frühstück – in der Yas Mall **16**.
- **26** [G3] **Al Ibrahimi** €, Al Danah, 920 Zayed the First St., Tel. 6344244, www.alibrahimirestaurant.com, 11.30–24 Uhr. Alteingesessenes pakistanisches Restaurant mit gut gewürzten und kostengünstigen (Grill-)Gerichten sowie stets frisch gebackenem Tandoor-Brot und täglichen Mittags- und Abendbüfetts.

Gastro- und Nightlife-Areale

Bläulich hervorgehobene Bereiche in den Karten kennzeichnen Gebiete mit einem dichten Angebot an Restaurants, Bars, Clubs, Discos etc.

Preiskategorien

Die Preiskategorien beziehen sich auf den Durchschnittspreis für eine Hauptspeise.

€	bis ca. 50 Dh (bis ca. 12 €)
€€	ca. 50–95 Dh (ca. 12–24 €)
€€€	ca. 95–210 Dh (ca. 24–53 €)
€€€€	ab ca. 210 Dh (ab ca. 53 €)

› **Al Khayma Heritage Restaurant and Café** €€, Al Rawdah, im Souq Al Jami' (s. S. 35), Tel. 050 6061239, https://alkhayma.com, 8–23 Uhr. Authentische arabische und emiratische Speisen – auch Frühstück – im Souqbereich an der Shaikh Zayed Grand Mosque ⓬.

› **Almayass** €€, Al Maryah, The Galleria (s. S. 68), Tel. 6440440, www.almayass.com, 12–24 Uhr. Libanesische und armenische Gerichte, serviert in gemütlicher Atmosphäre.

› **Bushra by Buddha-Bar** (s. S. 41). Moderne orientalische Kost und Lounge-Bar.

› **Byblos Sur Mer** €€€, Al Khubeirah, im InterContinetal Abu Dhabi Hotel (s. S. 123), 12.30–1 Uhr. Am Jachthafen – mit Meerblick – gelegenes, stilvolles libanesisches Restaurant in weißem Villenbau, tolle Terrasse mit Wasserpfeifen, abends Lautenmusik, Fr. und Sa. arabische Nacht mit Musik und Tanzvorführung; Wochenendbrunch; im Obergeschoss Bar und Lounge.

27 [F3] **Erth** €€€, Al Hosn, 319 Al Hosn St., Tel. 6794014, www.erthrestaurant.ae, 12–23 Uhr. Pittoresk am Teich in direkter Nachbarschaft zur Festung Qasr Al

MEIN TIPP

Speisevielfalt

Jeweils über 70 Gastronomiebetriebe – häufig auf mittlerem bis günstigem Preisniveau – finden sich in der **Reem Mall** ⓱ und in der **Yas Mall** ⓰. In dem in beiden Malls vorhandenen Mix aus Cafés, (Familien-)Restaurants und Imbisstätten sollte jedermann etwas nach seinem Geschmack finden.

Das im Stadtzentrum gelegene **World Trade Centre** vereint im WTC Souq ❽ und in der zugehörigen WTC Mall ca. 40 Speisegelegenheiten. Etliche bieten Außengastronomie auf verschachtelten Dachterrassen, wo man zur kühleren Tageszeit zu Füßen von glasverspiegelten Himmelstürmen essen kann. The Hub bietet auf den Etagen vier, fünf und sechs der Mall innovative Restaurants samt zum Alkoholausschank lizenzierten Bars bzw. Lounges, in denen man feiern und tanzen kann (z. B. Kai, s. S. 63).

Im neoarabischen **The Souk at Qaryat Al Beri** ⓲ kann man in 14 meist mittelpreisigen Gastronomiebetrieben mit klassischer bis innovativer Küche im modernen Ambiente speisen – auch Alkoholika werden serviert. Viele Lokale liegen am Kanalufer mit schönen Außenterrassen.

Wer Essen gehen mit einem **Strandbesuch** kombinieren möchte, der ist am Corniche Beach (s. S. 74) richtig. Im Bereich A'l Bahar sowie um den halbrunden Maydan-Platz am Public Beach finden sich vielerlei günstige Möglichkeiten zur Einkehr oder auch Take-away-Services für ein Strandpicknick. Barfuß am Strand speisen kann man in den Restaurants der Strandclubs (s. S. 72). Die Strandpromenade Mamsha Al Saadiyat (s. S. 35) bietet neben Speisevielfalt auch alkoholische Getränke. Gleiches gilt für viele Gastronomiebetriebe von Yas Bay Waterfront ⓯ und Al Qana ⓳.

Smoker's Guide

In Abu Dhabi gilt ein **generelles Rauchverbot** in allen öffentlichen Innenräumen (also auch in Museen, Restaurants, Cafés, Einkaufszentren, Freizeiteinrichtungen, Theatern, Kinos, Sportstätten, Bildungsstätten, Gotteshäusern, Gesundheitseinrichtungen, Ämtern, Banken etc.), in allen öffentlichen Verkehrsmitteln, an deren Haltestellen sowie in öffentlichen Parks, Erholungs-, Sport- und Freizeitstätten, an Stränden und auf Spielplätzen. Auch in allen Autos, in denen Kinder unter 12 Jahren mitfahren, darf nicht geraucht werden.

All diese Verbote betreffen auch **E-Zigaretten** und **Vaporizer.**

Erlaubt ist Rauchen in ausgeschilderten Sonderzonen und Außenarealen (z. B. von Restaurants) sowie in Bars und Nachtclubs. Manche von ihnen haben sich zum Nichtrauerlokal erklärt – ein Trend, der sich immer weiter ausbreitet.

Während des **Ramadan** ist das Rauchen jeglicher Art tagsüber in der Öffentlichkeit untersagt. Bei **Zuwiderhandlungen** drohen hohe Geldstrafen (Rauchen trotz Rauchverbot 500–10.000 Dh) oder sogar Gefängnis. Auch wer seinen Zigarettenstummel auf die Straße statt in eine Mülltonne wirft, muss mit einer Geldbuße rechnen.

Hosn 9 und zur Cultural Foundation (s. S. 52) gelegenes Design-Restaurant mit emiratischen Speisen.

28 [an] **Kamoon** €€€, Al Bateen, 166 King Abdullah bin Abdul Aziz al Saud St. (Corniche) im Khalidiya Palace Rayhaan Hotel, Tel. 6570000, www.rotanatimes.com, 12–24 Uhr. Authentische arabische Speisen und Grillgerichte, tolle Außenterrasse.

29 [in] **Meylas** €€, Al Raha Beach, Al Muneera, Tel. 4448884, www.meylas.com, 9–23 Uhr. Modern-inspirierte emiratische Speisen – auch Frühstück – zu moderaten Preisen an der Strandpromenade von Al Muneera.

› **Milas** €€€, Al Maqta', im The Souk at Qaryat Al Beri 18, Tel. 5580425, www.soukqaryatalberi.com/dine/milas, 10–22 Uhr. Traditionell emiratische und arabische Speisen modern interpretiert.

› **Stouff Beirut** €€, Al Danah, im WTC Souq 8 (The Hub), Tel. 056 6884042, https://abudhabi.stouffbeirut.com, 12–24.30 Uhr. Libanesisch-mediterran inspirierte Grillspeisen, Show-Zubereitung auf offenem Feuer, auch Alkoholika und Wasserpfeifen. Modernes Designer-Interieur und Außenterrasse.

› **Tean** €€€€, Saadiyat, im Jumeirah at Saadiyat Island Resort (s. S. 123), 12–23 Uhr. Saisonale Köstlichkeiten der Levante, offene Schau- und Grillküche sowie schöne Terrasse mit Strandblick, auch Shishas.

30 [H3] **Zaatar w Zeit** €, Al Danah, 39 Al Mawkib St., Tel. 600 522231, www.zaatarwzeit.net. Rund um die Uhr geöffnet, kann man hier arabische Wraps und andere gesunde libanesische Schnellspeisen bekommen. Weitere Filiale in der Abu Dhabi Mall (s. S. 67).

31 [G5] **Zahrat Lebnan** €, Al Danah, 819 Hazza Bin Zayed The First St., Tel. 600 500502, https://zahratlebnan.com, 8–3 Uhr. Preisgünstiger libanesischer Restaurant-Klassiker mit langen Öffnungszeiten und Bürgersteig-Terrasse.

Trockenfisch wird in der traditionellen emiratischen Küche verwendet

Kulinarische Weltreise

Dass viele verschiedene Nationalitäten in Abu Dhabi ein neues Zuhause gefunden haben, ist auch an der **Vielfalt der Speisen** ersichtlich.

- **32** [dk] **Antonia** €€, Saadiyat, Mamsha Al Saadiyat, Tel. 6672554, www.antoniarestaurant.com, 12–23 Uhr. Stückweise Pizza *(Al Taglio)* sowie Pasta, Salate und *Gelato* mit Außenterrasse an der Mamsha Al Saadiyat Strandpromenade.
- **33** [in] **Asia-Asia** €€€, Yas, Yas Bay Waterfront 15, Pier 71, Tel. 4238301, https://abudhabi.asia-asia.com, Mo.–Do. 18–1, Fr.–So. 14–1 Uhr. Panasiatisches Restaurant mit Meerblick-Außenterrasse und Lounge.
- **34** [dk] **Black Tap** €€, Saadiyat, Mamsha Al Saadiyat, Tel. 4465128, www.blacktapme.com, 12–24 Uhr. Die hausgemachten, extradick belegten Burger und mit allerlei Süßigkeiten aufgepeppten Milchshakes sind ein Instagram-Dauerhit. Schattige Außenterasse an der Strandpromenade.
- **35** [E3] **Broccoli Pizza & Pasta** €, Al Hosn, 521 Zayed The First St., neben ADNOC-Tankstelle, www.broccolidelivery.com, Tel. 600 551236. Rund um die Uhr gut gemachte Pizza und Pasta sowie Frühstück; weitere Filialen stadtweit.
- **36** [B1] **Buffalo Wild Wings** €€, Breakwater Al Kasir, 27 Al Alam St., Tel. 6812076, www.buffalowildwings.ae, 10–2 Uhr. Fast Food in Form von Burgern, Sandwiches, Wraps und Hähnchen sowie Salate.
- **37** [in] **Central** €€, Yas, Yas Bay, Tel. 058 5871765, www.central-uae.com, Mo.–Do. 16–24, Fr.–So. 13–3 Uhr. Bei Familien beliebte, bunt beleuchtete Speise- und Spielhalle, in der Kinder wie auch Jugendliche und Erwachsene Spaß haben können. Mit Außenterrasse und Bar.
- › **Chamas Churrascaria & Bar** €€€€, Al Khubeirah, im InterContinental Abu Dhabi Hotel (s. S. 123), 18–23 Uhr. All you can eat auf Brasilianisch: Rodizio-Restaurant mit vielerlei Arten Grillfleisch vom Spieß, das am Tisch bis zum Abwinken serviert wird, 16 Fleischsorten zur Auswahl, auch Liveband.
- › **Cipriani** €€€. Beliebtes, schickes italienisches Restaurant in der Yas Marina (s. S. 40).

013ad Abb.: kk

Meine Tipps

Preiswerte und schnelle Imbisse

Preiswerte Gelegenheiten zum Essen bieten sich in den Malls und großen Einkaufszentren (s. S. 66) in Hülle und Fülle, beispielsweise in den **Food Courts.** Hier bieten eine Vielzahl an Schnellimbissen ihre Mahlzeiten an. Man kann sich aussuchen, was man möchte, und an den im Zentrum stehenden Tischen verspeisen oder mitnehmen.

In den meisten **Imbissen,** Schnellrestaurants oder Cafeterias bekommt man Burger, Pizza und Sandwiches. Standardbeläge für Sandwiches sind z. B. *chicken* (Huhn), *mutton* (Hammelfleisch) und *shrimps* (Krabben). Sandwiches kann man für 10–15 Dh, Burger für 15–30 Dh bekommen.

Arabische Restaurants bieten oft **libanesische Kost,** typisch sind vielerlei Vorspeisen – die sich auch für den kleinen Hunger bestens eignen – und Grillgerichte. Am verbreitetsten ist das arabische *shawarma:* auf einem Drehspieß gegrilltes Lamm- oder Hühnchenfleisch, das mit Salat in eine typisch arabische Brottasche gerollt und als Sandwich gereicht wird. *Manakish* bzw. *Saj* sind weitere arabische Brotspezialitäten in Form von frisch gebackenem Fladenbrot mit vielerlei Belagvarianten wie Ei, Fleisch, Käse und verschiedenen Gewürzen. Wer vegetarische Kost bevorzugt, kann *felafel* (Kichererbsenbratlinge) oder *foul* (Bohnenbreifüllung) wählen. Solche Speisen kosten je nach Größe und Qualität 10–25 Dh.

Weit verbreitet sind **indische und pakistanische (Reis-)Gerichte.** Eine interessante indische Schnellmahlzeit ist *thali.* Neben Reis und Brot bekommt man verschiedene kleine Schälchen mit Soßen, Chutneys und Curries, die so lange aufgefüllt werden, bis man satt ist. Thali kostet meist unter 25 Dh. Noch preiswerter sind *Dhosa,* hauchdünne, knusprige Linsenmehl-Crêpes mit pikanter Beilage. Als Hauptmahlzeit bieten sich Curry-Reisgerichte in riesiger Vielfalt an, hier kann sich für 20–30 Dh jeder nach Belieben durchprobieren. *Tikka,* gegrillte Fleischstücke, sind mit unter 25 Dh ebenfalls preisgünstig und an nahezu allen indischen und pakistanischen Imbissen zu haben. Auch **Vegetariern** bietet die indische Küche allerlei Auswahl.

Oftmals originelle, meist günstige bis mittelpreisige Speisen aus aller Welt bieten **Foodtrucks.**

Dinner-Cruise

Dinner-Bootsrundfahrten vor Abu Dhabis illuminierter Abendskyline – mit allerbester Aussicht auf die Corniche 1 im Sonnenuntergangslicht – sind sehr empfehlenswert und beispielsweise möglich bei:

- **38** [B1] **Abu Dhabi Dhow Cruise** €€€, www.abudhabidhowcruise.com, Tel. 0567133703, Do., Fr. 19–22 Uhr. Rundfahrt entlang der Corniche 1 mit internationalem Menü, ohne Alkoholika, 250 Dh. Abfahrt am Abu Dhabi International Marine Sports Club, Breakwater.
- **39** [B1] **Al Dhafra Dhau Cruises** €€-€€€, Tel. 6732266, https://aldhafrauae.ae, Fr., Sa., So. 20–22.30 Uhr. Das Al Dhafra Restaurant (s. S. 54) organisiert Dinner-Cruises auf traditionellen Holzschiffen (Dhaus) mit Seafood- oder Grill-Menüs ab 170 Dh. Abfahrt am Abu Dhabi International Marine Sports Club, Breakwater.
- **40** [B1] **Royal Yacht Restaurant** €€€, https://royalyachtuae.com, Tel. 0569000734. Dieses Jacht-Restaurant schippert So., Fr. und Sa. die Corniche 1 entlang (im Winter 18–20 Uhr, im Sommer 20–22 Uhr, 250 Dh). Internationales Büfett, keine Alkoholika, Abfahrt vom Abu Dhabi International Marine Sports Club, Breakwater.

41 [J3] **Coya** €€€€, Al Maryah, 100 Hamouda Bin Ali Al Dhaheri St. im Four Seasons Hotel, www.coyarestaurant.com, Tel. 3067000, Mo.–Fr. 12–16, 18.30–1, So. 12.30–24.30 Uhr. Modernes, bunt-gemütlich ausgestattetes lateinamerikanisches Fusion-Restaurant mit Bar und imposantem Ausblick auf Skyline und Meer.

42 [im] **Filini Restaurant & Garden** €€€, Yas, 273 Yas Drive, Radisson Blu Hotel, Tel. 6562000, www.radissonblu.com, So.–Do. 17–1, Sa. 12.30–2 Uhr. Italienisches Restaurant mit Lounge/Bar und schönen Außenbereichen, die herrliche Ausblicke über Golfplatzgrün und Meeresblau bieten, abends DJ.

43 [I4] **Finz** €€€€, Al Zahiyah, 125 Al Maiyani St. im Beach Rotana Hotel, Tel. 6979011, www.rotana.com, 12–24 Uhr. Fischgerichte und Meeresfrüchte mediterran zubereitet, schickes, urbanes Holzhausrestaurant mit DJ, tolle Außenterrasse mit Blick auf Al Maryah Island.

› **Fishmarket** €€€€, Al Khubeirah im InterContinental Abu Dhabi Hotel (s. S. 123), 12–23 Uhr. In diesem Fischrestaurant kann man sich seinen Fisch aussuchen und nach Thai-Rezepten zubereiten lassen. Große Weinauswahl, mit Außenterrasse am Meer.

44 [dn] **Flooka Seafood** €€€, Al Kheeran, 1637 Shaikh Zayed Bin Sultan St., Tel. 4418244, www.flooka.com, 12–24 Uhr. Fischrestaurant mit mediterraner Kost, die mit libanesischen Rezepten aufgepeppt wird. Tolle Außenterrasse mit Mangroven-Ausblick an der Eastern Mangroves Promenade 11, Alkoholausschank.

45 [H3] **India Palace** €€, Al Zahiyah, 413 Shaikh Zayed Bin Sultan St., Tel. 6448777, https://indiapalace.ae, 12–24 Uhr. Delikat gewürzte indische Speisen. Auch in der Mushrif Mall (s. S. 68) und der Dalma Mall (s. S. 67).

MEINE TIPPS

Essen mit Aussicht

› **Bill's Farm, Casper & Gambini's, Smitch und Hookah Lounge** (s. S. 24). Nebeneinander auf der Wellenbrecherhalbinsel gelegene Lokale mit grandioser Aussicht auf die Corniche-Skyline.

› **Dinner-Cruises** (s. S. 58). Verschiedene Anbieter offerieren bei ihren Rundfahrten tolle Stadtansichten bei leckerem Abendessen.

› **Flooka Seafood** (s. l.). Malerischer Mangroven-Ausblick.

› **Observation Deck at 300** (s. S. 60). Stilvolles Aussichtscafé/Restaurant in 300 Meter Höhe.

› **Stratos** (s. S. 64). Drehrestaurant mit Grillspeisen, Lounge und Bar.

Lecker vegetarisch

› **Nolu's** (s. S. 60). Gesunde Fusion-Kost.

› **Sangeetha** (s. S. 60). Nur indische, vegetarische Speisen.

› **West to West Kitchen** (s. S. 61). Westafrika trifft Karibik.

Dinner for one

› **Art House Café** (s. S. 61). Kreativ sein ist Trumpf.

› **Brauhaus** (s. S. 63). Hier finden sich deutsche Gäste zum Zuprosten.

› **Central** (s. S. 57). Speisen und spielen.

› **The Third Place** (s. S. 61). Wohlfühl-Speisecafé.

Für den späten Hunger

› **Broccoli Pizza & Pasta** (s. S. 57). Pizza und Pasta auch spätnachts.

› **Buffalo Wild Wings** (s. S. 57). Fast Food auf Breakwater.

› **Zaatar w Zeit** (s. S. 56). Arabische Wraps rund um die Uhr.

› **Zahrat Lebnan** (s. S. 56). Libanesisch essen bis 3 Uhr nachts.

46 [in] **La Carnita** €€€, Yas, Yas Bay, Tel. 050 1858068, www.lacarnita.ae, 12–2 Uhr. Trendige mexikanische Cantina mit authentischen lateinamerikanischen Aromen, stimmungsvoller Musik, Fuego-Abenden, Cocktails, Samstagsbrunch und Außenterrasse.

› **Marco Pierre White Steakhouse & Grill** €€€€, Al Maqta', Al Khor St., im Fairmont Bab Al Bahr Hotel (s. S. 122), So.–Fr. 18–23, Sa. 19–23 Uhr. Innovative Grillspeisen, englische Küche, große Weinauswahl in beeindruckendem Interieur samt Wandkamin.

47 [in] **Nolu's** €€, Al Bandar, 120a, Al Raha St., Al Barza South Building, Tel. 5579500, www.nolusrestaurants.com, 9–23 Uhr. Gesundheitsbewusste, kalifornisch-karibische Kost mit afghanischen Einflüssen, auch vegan, auch Frühstück, mit Außenterrasse. Nolu's Speisecafé in The Galleria auf Al Maryah (s. S. 68).

› **Observation Deck at 300** €€, Al Ras al Akhdar, im Conrad Abu Dhabi Etihad Towers Hotel (s. S. 122), 12–20 Uhr. Komfortables Aussichtsrestaurant im 74. Stock der Etihad Towers. Von hier aus hat man einen fantastischen Ausblick auf die Corniche 1. 55 Dh Mindestausgaben für Speisen oder Getränke – z. B. für Kaffee und Kuchen, Fruchtsäfte, Sandwiches, Salate oder Alkoholika.

139ad Abb.: kk

48 [in] **Pacifico Tiki** €€€, Al Bandar, 1 Al Bandar St., www.pacificotiki.com, Tel. 0506969298, 12–2 Uhr. Restaurant mit polynesisch-pazifischen Speisen, Drinks (auch Alkoholika) und toller Außenterrasse am Hafen von Al Bandar. Angeschlossen ist die Lounge Ornina.

49 [dk] **Raclette Brasserie and Café** €€, Saadiyat, Mamsha Al Saadiyat, Tel. 4562277, https://menu.raclette.ae, 11–23.30 Uhr. Brasserie mit Meerblick, französischen Highlights, Mehrgängemenüs, Alkoholausschank und Wochenend-Brunch.

› **Rainforest Café Restaurant** €€, Yas, in der Yas Mall 16, Tel. 5661999, www.rainforestcafeuae.com, So.–Do. 10–2, Fr., Sa. 10–24 Uhr. Internationale Kost, Dschungel-Dekor mit lebensgroßen Animatronics in kinderfreundlichem Restaurant.

› **Safina** €€€, Saadiyat, im Saadiyat Beach Club (s. S. 75), 12–22 Uhr. Mediterran speisen im Strandclub mit herrlicher Außenterrasse am Pool, beliebter Wochenendbrunch.

50 [H3] **Sangeetha** €, Al Zahiyah, 409 Shaikh Zayed Bin Sultan St. (Ecke Zayed The First St.), Tel. 6763519, www.sangeethavegrestaurants.com, 7.30–23 Uhr. Rein vegetarische indische Speisen, auch Frühstück.

› **Somewhere** €€, Breakwater Al Kasir, in der Marina Mall 5, Tel. 056 1415517, So.–Do. 12–22, Fr., Sa. 12–24 Uhr. Goldgelb dekoriertes Restaurant mit köstlich-originellen, mediterran inspirierten Speisen.

51 [I4] **Trader Vic's** €€€, Al Zahiyah, 125 Al Maiyani St., im Beach Rotana Hotel, Tel. 6979011, www.rotana.com, 12–24 Uhr. Polynesisches Restaurant mit Bar und Lounge, das tropische Speisen und Cocktails sowie lateinamerikanische Livemusik bietet.

Frische Meeresfrüchte finden sich vielerorts

🍴**52** [dk] **Tring Irie** €€, Saadiyat, Mamsha Al Saadiyat, Tel. 8867786, www.tingirie.com, 10–23 Uhr. Jamaikanisches Restaurant mit Lounge an beliebter Strandpromenade. Reggae, Soul, karibische Kost und coole Cocktails.

🍴**53** [H3] **West to West Kitchen** €, Al Danah, 15 Al Asha St., Tel. 6719119, https://westtowestkitchen.com, Di.–Do. 12–21, Fr. 14–21, Sa., So. 12–22 Uhr. Familiengeführtes Restaurant mit preisgünstigen, hausgemachten westafrikanischen und karibischen Speisen.

› **Zeera by Buddha-Bar** (s. S. 41). Innovative indische Speisen.

Cafés

Die meisten großen **Hotels, Malls** und **Einkaufszentren** verfügen über Cafés – in Letztgenannten gibt es auch Konditoreien oder Eisdielen. Auch an Strand- bzw. Uferpromenaden finden sich stets Cafés.

☕**54** [C4] **Art House Café,** Al Bateen, 15 Al Huwelat St., 9–22.30 Uhr, Tel. 6660175, https://arthousecafead.com. Speisecafé in schicker Strandvilla mit origineller Upcycling-Ausstattung und gemütlichem Innenhof. Kinder können an Maltischen Teller oder Masken anmalen – auch Erwachsene sind dazu eingeladen. Das Café ist angegliedert an die Etihad Modern Art Gallery (s. S. 52).

› **AURO Café at Warehouse 421,** Zayed Port, im Warehouse421 (s. S. 53), 9–23 Uhr. Helles, ruhiges, bei Kaffeeliebhabern beliebtes Kunstgalerie-Café.

› **Emirati Coffee,** Yas, in der Yas Mall 16, Tel. 054 4908137, www.emirati coffee.com, 10–22 Uhr. Kaffee der besonderen Art von emiratischer Spezial-Kaffeerösterei.

› **Forever Rose Café,** Al Maryah, in The Galleria (s. S. 68), Tel. 5832487, www.myforeverrose.com, Sa.–Mi. 10–22, Do., Fr. 10–24 Uhr. In diesem beliebten Instagram-Spot betreten Gäste ein schwarzweiß designtes Märchenbuch. Serviert werden Kuchen, Gebäck und Getränke mit floralem Dekor und Aromen wie Rosenwasser, Safran, Pistazie und Lavendel. Weitere Filiale in der Yas Mall 16.

› **Hookah Lounge** (s. S. 24). Wasserpfeifen-Lounge auf Breakwater.

› **Joe & The Juice,** Yas, in der Yas Mall 16, Tel. 6756771, www.joejuice.com, So.–Do. 10–22, Fr., Sa. 10–24 Uhr. Kult-Café-Kiosk mit frischen Fruchtsäften, gesunden Shakes, großen Salaten, Sandwiches und Snacks.

☕**55** [A4] **No. 57 Boutique Café,** Al Bateen, 93 Al Quffal St. (Al Marasy, Building 2), Tel. 4416100, www.no57.co, 9–22.30 Uhr. Modern-schickes Café mit gut gekochten Speisen, alkoholischen Getränken und Außenterrasse am Jachthafen Marina al Bateen.

› **Organic Foods & Café** 🌿, Al Bateen, Corniche, in der Nation Towers Mall (s. S. 68), www.organicfoodsandcafe.com, Tel. 6659060, 9–22 Uhr. Naturkost- und Bioladen mit Café, beliebt ist das Frühstücksbüfett.

› **Shakespeare and Co.,** Al Danah, im WTC Souq 8, www.shakespeareandco.ae, Tel. 6399626, 7–24 Uhr. Im viktorianischen Vintage-Stil kitschig eingerichtetes Speisecafé mit interessanter Kost, auch Frühstück, Wasserpfeifen und Außentische. Filialen in der Dalma Mall und der Deerfields Mall (beide s. S. 67).

› **Teuscher Boutique & Café,** Al Khubeirah, in der Nation Towers Mall (s. S. 68), Tel. 6811108, www.teuscherabudhabi.com, 8–23 Uhr. Café mit hochwertigen Schweizer Schoko-Spezialitäten und selbstkreierten Rosen-Schleckereien wie Rosencroissants, -cappuccino und -trüffel.

☕**56** [C3] **The Third Place,** Al Bateen, 50 Nadd al Shiba St., Tel. 6811877, www.thethirdplaceuae.com, 8–23 Uhr. In einer Villa nahe am Corniche Beach eingerichtetes Wohlfühl-Café mit gutem Kaffee und hausgemachten Speisen.

Abu Dhabi am Abend

Die Straßen von Abu Dhabi sind bis 22/23 Uhr belebt, denn bis zu dieser Zeit haben die meisten Geschäfte, Souqs, Einkaufszentren und auch Parks geöffnet und kaum ein Restaurant oder Imbiss schließt vor Mitternacht. Nachtschwärmer können sich in Bars, Pubs oder Lounges treffen oder sich in einem Club „austoben".

Bars, Lounges, Kneipen, Clubs

In den letzten Jahren hat sich eine wachsende **Clubszene** gebildet. Tanzflächen, ausgelassene Stimmung und gute Musik – entweder aus der Konserve, vom DJ oder von einer Liveband – bieten auch viele **Bars und Kneipen.** An so manchem Abend wird ein Partyprogramm angeboten, dass aber meist erst ab 21 Uhr so richtig losgeht. Wer es ruhiger mag, wird **Lounges** oder **Cocktailbars** bevorzugen. In vielen Bars und Clubs kann man auch **gut speisen** – etliche fungieren auch als Restaurant.

› **49er's The Gold Rush,** Al Zahiyah, im Al Diar Dana Hotel (s. S. 121), 12–3 Uhr. Wildwestkneipe mit DJ- und Livemusik, beliebt zum Tanzen, außerdem amerikanische Steak- und Grillküche.

57 [A4] **Annex,** Marina al Bateen im Edition Hotel, www.annexabudhabi.com, Tel. 2080000, Mi. 18–1, Do., Fr. 19–2, Sa. 17–23 Uhr. Tanzen, speisen, trinken, Performances ansehen und auf der Dachterrasse chillen in stilvoll-schickem, geräumigem Lounge-Club.

58 [B3] **Azura,** The St.Regis Nation Tower, im The St. Regis Abu Dhabi Hotel, www.azuraabudhabi.com, Tel. 6944553, Do.–So. 16–1 Uhr. Dreigeschossige Dachterrassen-Panorama-Lounge mit tollem Corniche-Ausblick.

› **Belgian Café,** Al Khubeirah, im InterContinental Abu Dhabi Hotel (s. S. 123), 16–1 Uhr. Bei westlichen Residenten beliebte Kneipe mit 18 Sorten belgischem Bier und belgischen Leckereien wie Pommes frites, Muscheln und Waffeln, großer Biergarten, wechselnde Events, auch Sportübertragungen.

› **B-Lounge,** Al Zahiyah, im Sheraton Abu Dhabi Hotel & Resort (s. S. 124), 10–2 Uhr. Gemütliche Lounge unter Pal-

Die Lizenz zum Ausschenken

Da der Koran Muslimen den Genuss von **Alkohol** verbietet, wird dieser in Abu Dhabi „nur" in dazu **lizenzierten Bars, Nachtclubs** und **Restaurants** ausgeschenkt – doch davon gibt es genug, denn nahezu alle Hotellokale besitzen eine Schanklizenz. Ebenso die Gastronomiebetriebe im The Souk at Qaryat Al Beri 18, in Golf-, Jacht- und Strandclubs sowie jene an der Uferpromenade von Yas Bay Waterfront 15, an der Strandpromenade Mamsha Al Saadiyat (s. S. 35) und am Kanalufer von Al Qana 19. Apartmenthäuser servieren keinen Alkohol.

Die Preise für alkoholische Getränke sind relativ hoch, so kostet ein Flaschenbier ab 40 Dh, ein Glas Champagner ab 55 Dh, ein Glas Wein ab 40 Dh, Whisky ab 40 Dh, Aperitif, Wodka, Rum, Gin, Likör, Schnaps ab 40 Dh, Cocktails ab 50 Dh. Billiger wird es zur Happy Hour.

Alkoholika dürfen nur dort getrunken werden, wo sie auch verkauft werden – und natürlich in Privatwohnungen. **Öffentlicher Alkoholgenuss ist verboten** und wer Bier trinkend durch die Straßen spaziert, kann dafür bestraft werden (s. S. 126). Speist man zusammen mit Arabern, so sollte man stets bedenken, dass gläubige Muslime keinen Alkohol trinken.

men im Resortgarten, coole Cocktails, Shishas und Snacks, abends Lagerfeuer, Chill-out-Klänge und gelegentliche Events.

59 [I4] **Brauhaus,** Al Zahiyah, 125 Al Maiyani St., im Beach Rotana Hotel, Tel. 6979011, www.rotana.com, Mo.–Do. 17–1, Fr.–So. 12–2 Uhr. Deutsche Speisekneipe mit deutschem Bier, rustikaler Einrichtung, Brauhauskost, Schunkelatmosphäre und Außenterrasse mit Meerblick.

› **Buddha-Bar Beach,** Saadiyat, in The St. Regis Saadiyat Island Resort (s. S. 124), Mo.–Do. 17–1, Fr.–So. 12–24 Uhr. Schicke Bar/Lounge mit hohem Lifestyle-Faktor am herrlichem Saadiyat-Strand.

› **Cabana9,** Saadiyat, im Saadiyat Beach Club (s. S. 75), 10–17 Uhr. Stilvolle Terrassen- und Poolbar mit Meerblick.

› **Filini Restaurant & Garden** (s. S. 59). Romantische Gartenlounge/Bar mit italienisch inspirierten Speisen und Mangroven-Ausblick auf Yas.

› **Impressions,** Eastern Mangroves Promenade, im Anantara Eastern Mangroves Abu Dhabi Hotel (s. S. 122), 19–1 Uhr. Luxuriöse Dachetagen-Cocktailbar mit Blick auf die Al-Qurm-Mangroven, aufwendig illuminiertes Dekor.

› **Kai,** Al Danah, in der WTC Mall (s. S. 68), Di.–So. 18–3 Uhr. Neonbunte, coole Late-Night-Lounge und Party-Hotspot mit vielseitiger, japanisch inspirierter Speisekarte.

60 [J3] **La Cava,** Al Maryah, im Rosewood Abu Dhabi Hotel, Tel. 8135552, www.rosewoodhotels.com, Mo.–Fr. 17–1 Uhr. Exklusiver Weinkeller, auch seltene Weine und erlesene Whisky-Sorten, Zigarrenraum mit Zigarrenbar.

61 [in] **Lock, Stock & Barrel,** Yas, Yas Bay Waterfront 15, https://lsbabudhabi.com, Tel. 97144238308, Mo.–Do. 16–1, Fr., Sa. 13–3, So. 12–1 Uhr. Beliebte Party-Bar mit Livemusik gegenüber der Etihad Arena. Eintritt nur mit Reservierung.

Die B-Lounge liegt luftig im Garten des Sheraton Abu Dhabi Hotel & Resorts

62 [cn] **McGettigan's,** Al Nahyan, im Dusit Thani Hotel, 925 Sultan Bin Zayed The First St., Tel. 6288137, www.mcgettigans.com, So.–Mi. 15–3, Do.–Sa. 12–3 Uhr. Irische Kneipe mit Kultstatus, häufig Events, Livemusik, DJs, Sportübertragungen.

› **Nasma Beachfront Bar,** Saadiyat, im Jumeirah at Saadiyat Island Resort (s. S. 123), 10–23 Uhr. Strandbar am Saadiyat-Dünenstrand mit karibischen Beats oder DJ-Sound.

63 [H2] **PJ O'Reilly's,** Al Danah, 113 Fatima Bint Mubarak St., im Le Royal Meridien Hotel, Tel. 800 101101, www.pjspubabudhabi.com, 12–2 Uhr. Irische Kneipe mit Livebands, Guinness und fröhlicher Stimmung, mit Außenterrasse.

› **Relax@12,** Al Safarat, im Aloft Abu Dhabi (s. S. 121), 17–2 Uhr. Beliebte Dachterrassenbar zum Chillen mit Snacks, Tapas, Sushi und fantastischer Aussicht.

› **Siddharta Lounge by Buddha-Bar** (s. S. 41). Angesagtes Dachterrassen-Lounge-Restaurant.

64 [H2] **Stratos,** Al Danah, 113 Fatima Bint Mubarak St., im Le Royal Meridien Hotel, www.stratosabudhabi.com, Tel. 800 101101, So.–Fr. 17–2 Uhr. Sundowner oder Cocktail mit Rundblick: schwarz-weiß-goldfarben ausgestattete Jazz-Lounge-Bar samt Grillrestaurant im Drehturm.

65 [in] **White Abu Dhabi,** Yas, Yas Bay Waterfront 15, Tel. 050 6398934, www.facebook.com/whiteabudhabi, Fr., Sa. 23–4 Uhr. Beliebter Urban-, Hip-Hop- und R&B-Nachtclub mit beeindruckender Sound-, Licht- und Videotechnik.

Theater, Konzerte

Theateraufführungen und **Konzerte** (Termine s. S. 77) finden unregelmäßig statt – viele Veranstaltungen sind englischsprachig.

66 [cn] **Abu Dhabi National Theatre,** Al Nahyan, 46 Al Nukbah St., Tel. 4435646, https://abudhabiculture.ae. Nationaltheater mit Saal für 2250 Zuschauer, weiteren Veranstaltungsräumen und Kulturzentrum sowie kleinerem Theatersaal auf der Wellenbrecherhalbinsel.

67 [eo] **Theatre by Erth,** Khor al Maqta', Al Khaleej al Arabi Rd, Tel. 0588383107, www.theatrebyerth.com. Komfortables Theater mit 631 Sitzplätzen, im Erth Hotel nahe dem Festland.

› Das Theater der **Cultural Foundation** (s. S. 52) mit 900 Plätzen ist als erstklassiger Veranstaltungsort der darstellenden Künste bekannt.

68 [dl] **NYUAD The Arts Center,** Saadiyat, New York University Abu Dhabi, Tel. 6286868, www.nyuad-artscenter.org. Im NYUAD The Arts Center, das auch über ein Außen-Amphitheater verfügt, werden Veranstaltungen aus den Bereichen Musik, Theater, Comedy, Poesie, Multimedia und Tanz durchgeführt, Filme gezeigt und Lesungen organisiert. Kunstausstellungen bietet die NYUAD Art Gallery (s. S. 53).

Auf der Insel Yas gibt es Großveranstaltungen bzw. Konzerte weltbekannter Bands bzw. Stars (www.yasisland.ae):

69 [im] **Etihad Park,** Yas, Open-Air-Tribüne für 40.000 Zuschauer

70 [in] **Etihad Arena,** Yas, Multifunktionsarena für 18.000 Zuschauer

Im **Emirates Palace Mandarin Oriental Hotel** (s. S. 19) finden diverse Veranstaltungen statt – darunter international hochkarätige Rockkonzerte, Opernaufführungen und englischsprachige Theaterdarbietungen.

Die **Abu Dhabi Music & Arts Foundation** veranstaltet Konzerte und Aufführungen an wechselnden Spielstätten (www.admaf.org).

Das **National Symphony Orchestra** spielt an wechselnden Orten (www.nsouae.org).

Im März/April bietet das **Abu Dhabi Festival** etliche interessante Veranstaltungen rund um Tanz, Musik, Theater, Film, Literatur und Kunst (www.abudhabifestival.ae).

Öffentliche Aufführungen von **traditionell emiratischer Dichtung, Musik und Tanz** kann man vornehmlich an religiösen und nationalen Feiertagen – insbesondere am Nationalfeiertag (s. S. 78) – sehen.

71 [cm] **Bait al Oud,** Al Nahyan, 72 Malqaatah St., Tel. 6415699, https://abudhabiculture.ae. In kleinem Rahmen werden in diesem Handwerksbetrieb Konzerte der traditionellen arabischen Oud-Laute aufgeführt.

Abu Dhabi zum Stöbern und Shoppen

Die Einkaufsmöglichkeiten in Abu Dhabi sind vielfältig und entsprechend groß ist das Warenangebot. Ob in elegant gestylten Boutiquen, in ultramodernen Einkaufszentren, in orientalischen Souqs oder an Ständen des Hafenmarkts – nahezu alle Wünsche können erfüllt werden.

Das obligatorische orientalische **Feilschen** ist eine Sache für sich. Ein Tausch von Gut gegen Geld wäre viel zu einfach – ein guter Deal braucht seine Zeit. Freundliche Wortscharmützel um Preis und Qualität gehören oft zu einem Einkauf dazu. Handeln ist die **Kunst des gezielten Umweges,** eine interessante Kommunikationsform, ein Ausdruck der Lebensfreude und fast schon ein Ritual.

In den Läden der traditionellen Souqs sind die wenigsten Waren mit einem Preis ausgezeichnet – höchstens in typischen Touristen-Souvenirläden. Wer sich für etwas interessiert, muss als Erstes nach dem Preis – genauer gesagt nach dem Wert, den der Händler als **Ausgangsbasis** für angemessen hält – fragen. Die genannte Summe ist der Ansatzpunkt für das meist dazugehörende Verhandlungsgespräch, es ist (noch) nicht der Endpreis der Ware.

Handeln ist nichts Unseriöses oder Unsittliches – im Gegenteil! Beim Handeln geht es nicht darum, einen Preisnachlass zu erbitten oder den billigsten Kaufpreis für sich herauszuschlagen. Es geht darum, einen **Preisaufschlag möglichst niedrig** zu halten und sich auf eine gerechte Summe zu einigen. Durch faires und fantasievolles Handeln steigert der Käufer sein Ansehen ungemein.

Besonders beim **Kauf von Souvenirs** muss man handeln, es gehört einfach dazu. Festpreise gelten

124ad Abb.: kk

Weihrauchbrenner sind ein beliebtes Souvenir

Shoppingareale
Die wichtigsten Shoppingbereiche der Stadt sind im Kartenmaterial mit einer rötlichen Fläche markiert.

für Lebensmittel und in Supermärkten, ansonsten kann man die gängige Möglichkeit, einen „Discount" zu erzielen, nahezu überall nutzen – in den Läden der Souqs und selbst in Goldgeschäften oder exklusiven Boutiquen. Sogar in Souvenirläden, die ein „Fixed Prices"-Schild im Schaufenster aufgestellt haben, sollte man das Handeln nicht unversucht lassen.

Den Versuch zu feilschen, werden die meisten Händler mit einem verschmitzten, aber einladenden Lächeln beantworten. Wer allerdings keinen Preisnachlass anstrebt, dem wird selten einer eingeräumt. Dann freuen sich die Kaufleute über ihre hohe Gewinnspanne und denken sich ihren Teil über das Unvermögen des **Spielverderbers.**

128ad Abb.: kk

Absolut unhöflich wäre es, nach einem Preiseinigungsgespräch einen **Rückzieher** zu machen und die Ware nicht zu kaufen. Bitte beim Handeln möglichst früh aussteigen und keine Verhandlung beginnen, wenn am Anfang schon klar ist, das man keinerlei Kaufinteresse hat.

Gut zu wissen: Touristen können einen Großteil der **emiratischen Mehrwertsteuer** (value added tax, Steuersatz 5 %) **zurückfordern.** Verrechenbar sind Einkäufe bei registrierten Händlern, die mit mindestens 250 Dh je Quittung zu Buche schlagen.

› **Infos zur Rückerstattung:** www.planetpayment.ae, Tel. 5864700

Einkaufszentren und Malls

Die Einkaufszentren und Malls westlichen Stils repräsentieren viele Aspekte, auf die Abu Dhabi stolz ist: internationale **Warenvielfalt** und Kaufkraft, gepflegte, elegante Atmosphäre und großzügige, moderne Architektur sowie Sauberkeit und Sicherheit. In diesen wohltemperierten Wunderwelten findet ein Großteil des öffentlichen Lebens statt. Sie sind wichtige Begegnungsstätten und viele verfügen über mehrere geräumige und gut besuchte **Freizeiteinrichtungen** wie beispielsweise Kinderspielbereiche.

In allen großen Einkaufszentren erlauben **Cafés**, **Spezialitätenrestaurants** und **Schnellimbisse** Verschnaufpausen. Zudem eröffnet meist mindestens ein Café seinen Gästen den Zugang zum Internet. Wer die kulinarische Auswahl liebt, der wird von den sogenannten **Food Courts** begeistert sein. Hier kann man sich an verschiedenen Snackständen eine preiswerte Mahlzeit zusammenstellen und diese an den bereitgestellten Tischen verspeisen oder mitnehmen. Serviceeinrichtungen wie Reinigungen, Apotheken, Geldwechselbüros und Bankautomaten sind ebenfalls vorhanden. Supermärkte sind riesig und heißen Hypermärkte.

Die Geschäfte in den beliebten und **größten Einkaufszentren** sind sechs oder sieben Tage die Woche durchgehend geöffnet (meist Sa.–Do. 10–22 Uhr, Fr. öffnen manche erst später und haben dafür länger auf). Gastronomiebetriebe, Supermärkte, Kinos, Kinderspielzentren haben mitunter andere Öffnungszeiten.

Fast alle großen Einkaufszentren und Malls bieten **WLAN-Zugang,** meist gratis.

In **kleineren Einkaufszentren** schließen Geschäfte mittags zwischen ca. 13 und 16 Uhr, freitags sind manche erst ab nachmittags geöffnet. Im Ramadan (s. S. 78) gelten veränderte Öffnungszeiten.

72 [I4] **Abu Dhabi Mall,** Al Zahiyah, 113 Al Maiyani St., Tel. 6454858, www.abudhabi-mall.com. Zentral gelegene, beliebte Mall, die Besuchern auf vier Etagen rund 200 Geschäfte bietet. Hinzu kommen etliche Restaurants, Cafés, ein Food Court, ein Kinozentrum sowie die Kinderspielzentren Xtreme Zone und Fun City, die Prison Island Escape Games und ein Co-op Hypermarket.

73 [hn] **Al Raha Mall,** Al Raha, 731 Channel St., Tel. 5562229, www.al-rahamall.com. Auf dem Festland am Abu Dhabi-Dubai Highway (E10) gelegene Mall mit Waren und Serviceleistungen für den alltäglichen Bedarf für diejenigen, die auf dem Festland oder auf Yas wohnen.

74 [F5] **Al Wahda Mall,** Al Wahda, 710 Hazza Bin Zayed The First St., Tel. 4437000, www.alwahda-mall.com. Mall mit rund 200 Geschäften auf vier Etagen. Etliche bekannte Modemarken, Kinos, Food Court, Kinder-Entertainment Wanasa Land und LuLu Hypermarket.

75 [A3] **Avenue at Etihad Towers,** Al Bateen, 184 King Abdullah Bin Abdulaziz al Saud St. (Corniche), Etihad Towers, www.avenueatetihadtowers.ae, Tel. 6133373. Mehr als 30 Boutiquen bieten hochpreisigen Marken: Mode, Schmuck, Schuhe, Parfüms und Accessoires.

76 **Dalma Mall,** Mussafah Industrial City, 66 Al Wazn St., Tel. 800 325626255, www.dalmamall.ae. Auf dem Festland gelegene Mall mit mehr als 400 Geschäften, Adventure HQ-Outdoor-Superstore, 14 Kinos, Food Court, verschiedenen Kinderspielzentren, Rollschuhbahn und Carrefour Supermarket.

77 **Deerfields Mall,** Al Bahyah, 44 Al Sirdal St., www.deerfieldsmall.com, Tel. 5010826. Vor den Toren der Stadt an der Autobahn E10 nach Dubai gelegenes Einkaufzentrum mit rund 200 Geschäften und Gastronomiebetrieben, Food Court, Carrefour-Supermarkt, Kinozentrum sowie diversen Kinderspielzentren, einer Rollschuhbahn und einer Oldtimer-Ausstellung.

78 [G3] **Hamdan Centre,** Al Danah, 524 Hamdan Bin Mohammed St. Kleineres Einkaufszentrum aus Einzelhandelsläden in der Innenstadt, das wegen seiner preiswerten Bekleidung beliebt ist, auch Souvenirshops.

79 [D4] **Khalidiyah Mall,** Al Khalidiyah, 340 Mubarak Bin Mohammed St., Tel. 6354000, www.khalidiyahmall.com. Das in arabischem Stil errichtete Gebäude birgt 160 Geschäfte, LuLu Hypermarket und Department Store, Food Court, Kinos, Bowling Zentrum und Sparky's Kindervergnügungszentrum.

80 [G3] **Madinat Zayed Shopping Centre & Gold Centre,** Al Danah, 418 Sultan

Traditionelle Damenbekleidung

Bin Zayed The First St., Tel. 6333311, www.madinatzayed-mall.com, Geschäfte geöffnet: Sa.–Fr. 9–23 Uhr. Großes, von Arkaden gesäumtes Einkaufszentrum mit einem breiten Sortiment in mittlerer Preislage und angeschlossenem Goldverkaufszentrum, in dem 70 Juweliere traditionelle und moderne Schmuckstücke aus Gold, Diamanten und Perlen anbieten.

5 [B1] **Marina Mall.** Markante, zeltdachgekrönte Mall, die Einkaufsspaß und Freizeitvergnügen bietet.

81 [dn] **Mushrif Mall,** Hadbat al Zafaranah, 1241 Shaikh Rashid Bin Saeed St., Tel. 6904422, www.mushrifmall.com. Rund 200 Geschäfte, LuLu Hypermarket, The Market Frischmarkt, Sparky's Kinderspielbereich, Food Court; The Market ist ein großer Frischmarkt mit Fleisch, Fisch, Obst und Gemüse.

82 [B3] **Nation Towers Mall,** Al Bateen, 344 Corniche St., Nation Towers, Tel. 3338288, www.nationtowersmall.com. In den markanten, hoch aufragenden Nation Towers eingerichtete Mall mit hochwertigen Boutiquen, Gourmetrestaurants und schicken Cafés.

17 **Reem Mall.** Riesen-Mall mit Schnee-Park auf der zentrumsnahen Insel Al Reem (s. S. 44).

83 [J3] **The Galleria,** 107 Hamouda bin Ali al Dhaheri St., Tel. 4837400, www.thegalleria.ae. Stilvolles Lifestyle-Einkaufszentrum im Business District der Insel Al Maryah. The Galleria bietet in rund 400 Geschäften vornehmlich Luxusmarken und Hochwertiges. Rund 100 Restaurants, Cafés sowie Außen- und Dachterrassen und Uferpromenade laden zur Rast ein. Vielfältige Freizeit- und Unterhaltungsmöglichkeiten werden für Kinder und Jugendliche geboten, z. B. in verschiedenen Indoor-Kinderspielzentren und auf Außenspielplätzen. Auch Virtual-Reality-Unterhaltungsangebote sind dabei. Auf den Dachterrassen finden sich Sport- und Kinderspielplätze.

18 [fo] **The Souk at Qaryat Al Beri,** Al Maqta'. Neo-arabisches Einkaufszentrum in Festlandnähe mit interessanten Geschäften und vielfältigen Gastronomiebetrieben.

84 [F2] **WTC Mall,** Al Danah, 203 Khalifa Bin Zayed The First St., Tel. 5082400, www.wtcad.ae. Zentral gelegene Mall des World Trade Center (WTC) mit 160 Geschäfte aller Art, zudem 30 Gastronomiebetriebe (manche mit Dachterrassengarten), Kinokomplex und Velocity-Innen-Edelstahlrutschen. Angegliedert ist der WTC Souq 8.

16 [im] **Yas Mall,** Yas. Große, moderne Mall auf der Insel Yas.

Souqs

Märkte oder **Markthallen** mit Einzelgeschäften beziehungsweise Einzelständen öffnen meist frühmorgens bis spätabends, jedoch schließen manche über Mittag oder zu den Gebetszeiten.

85 [J2] **Carpet Market,** Zayed Port. Am Hafen gelegener Teppichmarkt, der aus verschiedenen Einzelgeschäften besteht.

86 [J1] **Fish Market,** Zayed Port. In dieser Fischmarkthalle am Hafen ist in den frühen Morgenstunden ab ca. 6 Uhr am meisten Betrieb.

87 [F4] **Madinat Zayed Fish & Vegetable Market,** Al Danah. Neben dem Madinat Zayed Shopping Centre & Gold Centre befindet sich eine Halle mit Obst-, Gemüse-, Fleisch- und Fischläden, allerdings ist das Angebot hier bescheidener als das am Hafen.

7 [I1] **Meena Market,** Zayed Port. Shops und Stände mit Haushaltswaren im Hafenviertel am Eingang zum Dhau-Hafen, auch Pflanzen.

88 [J1] **Vegetable Market,** Zayed Port. Beim Hafen befindlicher Markt mit Gemüse, Obst und Dattelabteilung.

Interessante Geschäfte

- **Al Jabr Gallery/I love UAE,** Al Zahiyah, im WTC Souq 8, www.aljabergallery.ae, Tel. 055 6001932, 10–22 Uhr. Landestypische Souvenirs und Geschenkartikel, Handwerkswaren, Handarbeiten, Antiquitäten; auch in der Yas Mall 16, in Ferrari World (s. S. 42), im Zayed Port Kreuzfahrtterminal und im Souq Al Jami' (s. S. 35).
- **Arabian Oud,** Breakwater, in der Marina Mall 5, https://ae.arabianoud.com, Tel. 800683, 10–22 Uhr. Erlesene arabische Düfte – können auch selbst kreiert werden –, Öle, Parfüms, Dufthölzer, Räuchermischungen, Geschenke, Brenngefäße und Accessoires. Weitere Filialen u. a. in der Abu Dhabi Mall und der Dalma Mall (beide s. S. 67).
- **Bateel,** Al Zahiyah, in der Abu Dhabi Mall (S. 67), Tel. 6452121, www.bateel.com, 10–22 Uhr. Boutique mit erlesenen Datteln und allerlei Dattelprodukten. Weitere Filialen in der Khalidiyah Mall (s. S. 67) und als Café in der Nation Towers Mall (s. S. 68).
- **Borders Bookstore,** Al Zahiyah, in der Abu Dhabi Mall (S. 67), Tel. 6718980, www.facebook.com/BordersBookStoreME, 10–22 Uhr. Buchladen mit großer Auswahl an englischsprachigen Büchern, auch viele über Abu Dhabi und die V.A.E. Auch in der Marina Mall 5, der Dalma Mall (s. S. 67) und der Yas Mall 16.
- **Feathers UAE,** Mussafah Industrial Area, in der Dalma Mall (s. S. 67), Tel. 5506556, www.feathers-fashion.com, 10–22 Uhr. Emiratische Luxusmarke für stilvolle Accessoires, z. B. Taschen, Schlüsselanhänger, Handyhüllen, Geldbörsen, Armbanduhrbänder aus Kamelleder und Schmuckstücke. Auch in der Yas Mall 16.

89 [D3] **Folklore Gallery,** Al Khalidiyah, 432 Zayed the First St., Tel. 6660361, www.folkloregallery.net, Sa.–Do. 9–13, 16–21 Uhr. Vielfältiges Sortiment an Bildern einheimischer Künstler, z. B. Seidenmalerei, Abstraktes, Drucke und auch irakische oder nepalesische Werke. Rahmen nach Wunsch. Auch handgemalte Grußkarten.

- **Gallery One,** Yas, in der Yas Mall 16, Tel. 054 5812261, www.g-1.com, 10–22 Uhr. Kunstvolle Fotografien und Leinwanddrucke, die man entweder rahmen lassen oder als Rolle mitnehmen kann, auch Kleinkunstwerke und Deko.
- **Little Majlis,** Yas, in der Yas Mall 16 im Virgin Megastore, Tel. 5651319, https://littlemajlis.com, 10–22 Uhr.

Gewürzvielfalt

116ad Abb.: kk

Lokal gefertigte, originelle Andenken, Geschenke, Spielzeug, Schreibwaren und Accessoires mit Bezug zur emiratischen Kultur. Weitere Filialen in der Abu Dhabi Mall (s. S. 67), The Galleria (s. S. 68), in der Museumsboutique des Louvre Abu Dhabi 13 und im Gift Shop des Qasr Al Watan 2.

› **Magrudy's,** Al Danah, in der WTC Mall (s. S. 68), Tel. 6211799, www.magrudy.com, 10–22 Uhr. Buchladen mit umfangreichem Sortiment an englischsprachigen Büchern, auch über Abu Dhabi und die Emirate. Auch in der Al Wahda Mall (s. S. 67) und auf dem Saadiyat New York University Campus.

90 [F3] **Mirzam Chocolate Makers,** Al Hosn, 319 Al Hosn St, Tel. 5552211, https://mirzam.com, 10–22 Uhr. Feinste hauseigene Schokoladenprodukte – auch mit orientalischen Aromen –, Datteln, Trüffel, Pralinen und Trinkschokoladen, gegenüber vom Qasr Al Hosn 9 gelegen.

91 [D3] **Patchi,** Al Khalidiyah, 424 Zayed The First St., Tel. 6456088, www.patchi.com, 10–22 Uhr. Handgemachte Schokoladenspezialitäten und -geschenke, auch in der Marina Mall 5, der Dalma Mall (s. S. 67) und der Yas Mall 16.

› **Ramasat,** Al Reem, in der Reem Mall 17, https://ramasat.com, Tel. 050 9666074, So.–Do. 10–22, Fr., Sa. 10–24 Uhr. Edelste arabische Parfümkompositionen mit dem Pferdekopf-Markenzeichen. Weitere Filiale in der Yas Mall 16.

› **Wadi Al Zafaran,** Al Danah, im WTC Souq 8, Tel. 6282680, www.facebook.com/wadiazzafaran, 10–22 Uhr. Gut sortierter Laden für Gewürze, Kräuter, Trockenobst, Nüsse, Süßigkeiten und Safran verschiedener Qualitäten. Weitere Filiale im Souq Al Jami' (s. S. 35).

› **Yas Perfumes,** Al Bateen, in der Nation Towers Mall (s. S. 68), Tel. 6229091, www. yasperfumes.com, 10–22 Uhr. Hochwertige arabische und französische Parfüms, arabische Dufthölzer und -öle, Kosmetik und Körperpflegeprodukte, Räucherwerk, Brenngefäße, Flacons. Filialen: Marina Mall 5, Khalidiyah Mall (s. S. 67) und im Emirates Palace Mandarin Oriental Hotel (s. S. 19).

Traditionelles Kunsthandwerk

In Abu Dhabi gibt es zahlreiche traditionell hergestellte Artikel, die man als Andenken mit nach Hause nehmen kann. Es bieten sich mehrere interessante Möglichkeiten, um einheimisches Kunsthandwerk zu kaufen. Das **Sortiment** umfasst beispielsweise bunte, handgewebte Decken, Wandteppiche, Kissenhüllen, Tischläufer, Taschen und Geldbörsen.

Aus Palmwedelfasern geknüpfte Körbe und Matten gibt es in diversen Größen. Auch Lederwaren, bestickte oder geklöppelte Zierbordüren, Schmuckstücke, Holztruhen, Kaffeekannen und Weihrauchbrenner kann man erwerben.

6 [C2] **Heritage Village.** In diesem auf der Wellenbrecherhalbinsel gelegenen Dorf kann man einiges über die Kultur der Bevölkerung erfahren und traditionelle Handwerkswaren und Andenken kaufen (s. S. 24).

9 [E3] **House of Artisans.** Das Haus des Kunsthandwerks, das sich im Zentrum vis-à-vis zum Qasr Al Hosn befindet, widmet sich dem Erhalt und der Wiederbelebung von regionalen Handwerkstradtionen, die laut UNESCO zum immateriellen Weltkulturerbe gehören. Man kann Handwerkern bei der Arbeit zusehen und auch Produkte kaufen (s. S. 29).

› **Souq Al Jami'** (s. S. 35). An die Shaikh Zayed Grand Mosque 12 angegliederter, unterirdischer Einkaufsbereich.

92 [cn] **Women's Handicraft & Heritage Centre,** Al Mushrif, 730 Al Karamah St.

neben den Royal Stables, Tel. 6161111, So.–Do. 9–13 Uhr, Eintritt: 5 Dh. Dieses Handwerkszentrum von und für Frauen wird von der Vereinigung der emiratischen Frauenunion geführt (Abu Dhabi Womens Association) und bietet emiratischen Frauen die Gelegenheit, traditionelles Handwerk zu erlernen und ihre Produkte zu vermarkten. Besucher sind willkommen – nicht nur Frauen, auch Männer. Eine Ausstellung veranschaulicht Aspekte des emiratischen Kulturerbes, z. B. Handwerk, Wohneinrichtung, Fischerei, Bekleidung. Manche der Handwerksprodukte werden verkauft.

8 [F2] **WTC Souq.** Moderner Einzelhandels-Souq mit großem Handarbeiten- und Souvenirsortiment im Zentrum.

Abu Dhabi zum Durchatmen

Parks

Zahlreiche Grünflächen und Parks verleihen Abu Dhabi den Beinamen **„Gartenstadt am Golf“.** Alle Parks sind gut gepflegt, manche sind von einem Zaun umgeben, andere offen zugänglich. In den eingezäunten städtischen Parks zahlt man 1 Dh Eintritt, Kinder unter 10 Jahren haben freien Eintritt.

Entlang der ca. sechs Kilometer langen Uferstraße der Stadt, der **Corniche** 1, reihen sich von Spazierwegen durchzogene Parks und Grünanlagen aneinander, unterbrochen von Straßen, Parkplätzen oder Hochhäusern. Zwischendurch bieten Cafés ihre Dienste an und schattige Bänke eignen sich zur Rast. Entlang dieser Uferlinie wurde künstlich Land gewonnen, das mit Parkflächen versehen, mit Palmen bepflanzt, mit Seen verschönert und mit Spiel- und Sportplätzen bestückt wurde. Dieses grüne Band schmiegt sich an die Skyline der Stadt und wird in puncto Erholungswert nur noch vom Corniche Beach (s. S. 74) getoppt.

•93 [G2] **Capital Park,** Al Danah, Khalifa Bin Zayed The First St. Ecke Sultan Bin Zayed The First St., 8–22 Uhr, Eintritt: 1 Dh. Garten-Ruheinsel inmitten des Geschäftszentrums, Spielplätze, kleiner See und Cafeteria.

•94 [eo] **Khalifa Park,** Al Madina al Riyadiya, Shaikh Zayed Bin Sultan St., nahe den Brücken Maqta' und Shaik Zayed, 10–22 Uhr, Eintritt: 1 Dh. Mit 38 Hektar der größte Park der Insel mit vielen Brunnen, Kanälen, See, Picknick- und Grillplätzen, Amphitheater und verschiedenen Kinderspielmöglichkeiten, Wasserspielplatz, Marineausstellung und Bimmelbahn. Das Gartendesign ist arabisch inspiriert.

•95 [dl] **Reem Central Park,** Al Reem, Eintritt: frei, www.aldar.com. Am Strand gelegener, moderner Park mit Ausblick auf Mangrovenwälder und Skyline. Spiel- und Sportplätze, Skatepark, Fitnessgeräte, Joggingweg, Rasenflächen, Springbrunnen, Cafés, Restaurants sowie Tretboot- und Kajak-Verleih (Sea Hawk, 6–17 Uhr, Tel. 6736688, ab 63 Dh pro Std., s. S. 32).

•96 [C3] **Sheikha Fatima Park,** Al Khalidiyah, Eintritt: frei, 10–22 Uhr, www.sheikhafatimapark.com. Der 4,6 Hektar große, innenstadtnahe Park bietet Kindern, Jugendlichen und Erwachsenen Freizeitspaß mit Spiel- und Sportgelegenheiten, Restaurants, Cafés, Außenkino und Konzertbühne. Bei jüngeren Kindern ist besonders der Wasserspielplatz beliebt.

•97 [cn] **Umm al Emarat Park,** Al Mushrif, Mohammed Bin Khalifa St./Ecke Al Karamah St., 8–24 Uhr, Eintritt: 10 Dh, www.

MEIN TIPP

Spaziergang im Mangrovenwald – Jubail Mangrove Park

Die – noch – überwiegend unbebaute Insel Al Jubail liegt zwischen den Inseln Yas und Saadiyat. Weite Küstenareale sind von **Mangrovenwald** bedeckt, einen Teil davon nimmt der **Jubail Mangrove Park** ein. Auf hölzernen Stegen (engl. *boardwalk*) kann man trockenen Fußes durch das Schutzgebiet spazieren, um dieses einzigartige, vom Gezeitenstrom geprägte Ökosystem kennenzulernen, in dem u. a. Flamingos, Fischreiher, Schildkröten, Krebse und unterschiedliche Arten von Fischen und Weichtieren leben. Die geschwungenen Pfade bieten pittoreske Ausblicke auf diese ursprüngliche Meeresumgebung und führen an Lernstationen vorbei. Das klare Wasser gibt den Blick frei auf die Stelzwurzeln der salzwasserresistenten Mangroven.

Im **Besucherzentrum** kann man sich über den Verlauf der drei ausgeschilderten Spazierrundwege (1–2 km Länge) und die Vielfalt des Mangroven-Ökosystems informieren.

- •99 [fk] **Jubail Mangrove Park,** Al Jubail, Shaikh Khalifa Bin Zayed Al Nahyan Highway E12, Tel. 5468341, https://jubailisland.ae, 7–20 Uhr (geschlossen während der heißen Sommermonate), Eintritt inkl. *boardwalk*-Experience 15 Dh, geführter Rundgang 50 Dh, geführte Kajak-Fahrt ab 100 Dh
- › **Verboten:** Rauchen, Müll wegwerfen, Schwimmen, Berühren von Pflanzen oder Tieren, Essen und Trinken auf dem *boardwalk*

ummalemaratpark.ae, Tel. 6669559. 14,5 ha großer Park, der neben Grünanlagen, Brunnen und Wasserläufen auch ein Amphitheater sowie einen Botanischen Garten mit Gewächshaus bietet. Abends wird der Park imposant illuminiert. Kinder finden Gefallen an der Bimmelbahn und an vielerlei Spielmöglichkeiten im Childrens Garden und im Streichelzoo.

- › Infos zu städtischen Parks: www.dmt.gov.ae, Tel. 6788888

Strände

Abu-Dhabi-Stadt liegt auf einer **Insel,** die von weiteren kleineren Inseln umgeben ist, daher finden sich verschiedene Badestrände. Private Villen, Herrscherpaläste und Baustellen dominieren die Uferbereiche in Abu-Dhabi-Stadt. Die umliegenden Inseln bieten – neben Mangroven – durchaus Sandstrände, sie sind aber oft nur per Boot zu erreichen und es fehlt an Schatten.

Hotelresorts bieten hauseigene Badestrände. Auch wer dort kein Zimmer gemietet hat, kann als Tagesgast gegen eine Gebühr (wochentags ab ca. 120 Dh) deren Strand, Pool sowie Sanitär- und Umkleideräume nutzen. Unumstritten der herrlichste und größte Strand ist der des Emirates Palace Mandarin Oriental Hotel (s. S. 19), der entlegenste liegt auf Nurai Island (Hotel Zaya Nurai Island, s. S. 124) – auch diese beiden empfangen zahlende Tagesgäste.

Öffentliche Badestrände finden sich an mehreren Stellen, manche sind gratis, andere nehmen Eintrittsgelder bzw. stellen dafür Liegestühle, Sonnenschirme etc. bereit.

Manche Badestrände sind nicht öffentlich, sondern der Zutritt ist Anwohnern vorbehalten, so z. B. in Al Raha.

Auch in Strandclubs kann man prima chillen – oder ausgiebig feiern ...

- › **Infos zu städtischen Stränden:** www.dmt.gov.ae, Tel. 6788888
- •98 [co] **Al Bateen Public Beach und Ladies Beach.** An beiden Stränden

ist Schwimmen nur bis Sonnenuntergang gestattet. Im Villenviertel südöstlich der Al Hudayriyat-Brücke gelegener **öffentlicher Badestrand.** Bietet bei freiem Eintritt Umkleidekabinen, Toiletten, Duschen, Schließfächer, Rettungsschwimmer, Fußball- und Volleyballfelder, Spielplatz, Kioske, Foodtrucks sowie Wassersportgeräte-, Liegestuhl- und Cabanavermietung. Geöffnet 7–22 Uhr.

Al Bateen Ladies Beach ist ein blickdicht umzäumtes Teilstück exklusiv für Frauen und Kinder (Jungen bis zum Alter von 6 Jahren). Frauen sind hier unter sich, ohne neugierige Männerblicke. Auch das Servicepersonal ist weiblich. Konservative Frauen – nicht nur arabische, auch indische – fühlen sich hier wohler als anderswo. Und ihre Ehemänner wissen, dass ihre Frauen hier unbeobachtet und in angemessener Gesellschaft sind. Dies ist als zusätzliches Angebot zu verstehen, nicht als Einschränkung oder Pflicht, denn Frauen können selbstverständlich auch alle anderen Strände nutzen. Der Frauenstrand öffnet tgl. 10–22 Uhr. Es gibt Sonnenliegen und -schirme (25 Dh), Umkleideräume und Toiletten. Eintritt: Erwachsene 25 Dh.

•**100** [in] **Café del Mar,** Yas, Yas Bay Waterfront ⓯, Tel. 050 4022283, www.cafedelmarabudhabi.com, 10–24 Uhr, Eintritt: je nach Wochentag Frauen gratis oder ab 120 Dh, Männer ab 199 Dh. Schicker, komfortabler Strandclub im Ibiza-Stil mit Infinitypool an künstlicher Sandstrand-Bucht, häufige Partys und mediterranes, meerumspültes Restaurant.

•**101** [bo] **Hudayriyat Beach,** auf der zentrumsnahen Insel Al Hudayriyat befindet sich ein ca. 600 Meter langer Badestrand, der gratis genutzt werden kann. Der bewachte Strand verfügt über Umkleide- und Sanitärräume. Wassersportangebote kosten extra. Flankiert wird der Strand von Grünanlagen mit schattigen Sitzplätzen, Kinderspielplät-

☐ *Der Strand A'l Bahar, ein Teilbereich des Corniche Beach, liegt vis-à-vis der Nation Towers*

117ad Abb.: kk

zen, Basketball-, Volleyball- und Beachfußballplätzen sowie Outdoor-Fitnessgeräten. Spazier-, Jogging- und Radwege streifen den Strand. Zukünftig werden weitere, insgesamt 16 km lange Badebereiche gestaltet.

MEIN TIPP

Corniche Beach

Im Südwesten der Corniche (1), zwischen dem großen Parkplatz östlich der markanten Nation Towers und Shaikh Rashid Bin Saeed St., befindet sich dieser großflächige öffentliche Badestrand. Er bietet Umkleidekabinen, Duschen und Toiletten. Es gibt Liegestühle und Sonnenschirme (25 Dh Tagesmiete), Schattenhäuschen, Wasser- und Strandsportmöglichkeiten. Rettungsschwimmer sorgen für Sicherheit und schwimmende Barrieren sollen verhindern, dass man zu weit hinausschwimmt.

Der palmenbestandene Uferweg ist gesäumt von Spazierwegen, Bänken, Kinderspielplätzen, Cafeterias, Eisdielen, Imbissen, Restaurants und Shops.

Es gibt mehrere Eingänge, denn der Strand ist in **verschiedene Bereiche** eingeteilt:

- **A'l Bahar:** www.al-bahar.ae, Tel. 055 9667768, 10–22 Uhr, Eintritt: frei. Ca. 600 m langer Strandbereich mit knapp 20 Gastronomiebetrieben (meist mittelpreisig) sowie Shops, die in Schiffscontainern untergebracht sind, zudem Spazierpromenade, Kinderspiel- und Sportplätze, Strand-Fitnessgeräte, aufblasbarer Aqua-Fun-Wasserspielpark, Konzertbühne. Vielerlei Events und Familienveranstaltungen finden hier statt. Sonnenschirme und Sonnenliegen kann man mieten. Auch Sanitär- und Umkleidegelegenheiten an solarbetriebenen Smart Palms. Dieser Strand liegt am westlichen Ende des Corniche Beach, zwischen dem Strandclub des St. Regis Hotel (gegenüber vom großen Nation-Towers-Parkplatz) und Gate 1 des Family Beach (siehe rechts).
- **Family Beach:** 7–22 Uhr, Eintritt: 10,50 Dh, Kinder 5,50 Dh Ein langgezogener Bereich für Familien und Frauen zwischen Gate 1 und Gate 3 (auf Höhe der Al Khaleej al Arabi St). Hier finden Männer, die ohne Frau oder Kind den Strand besuchen, keinen Einlass. Einheimischen Frauen wird so die Möglichkeit geboten, den Strand ohne eventuelle neugierige Männerblicke oder Avancen zu besuchen.
- **Public Beach:** 7–22 Uhr, Eintritt: frei. Ein kleiner Bereich, der allen zugänglich ist, liegt zwischen Gate 3 und Gate 4 um den zentralen, halbrunden mit Gastronomiebetrieben und Shops bestandenen Platz Maydan. Gegenüberliegend dem Public Beach trifft die Al Khaleej al Arabi St. auf die Corniche.
- **Al Sahil:** 7–22 Uhr, Eintritt: 10,50 Dh, Kinder 5,50 Dh. Ein weiteres für alle zugängliches Areal ist der nordöstliche Strandbereich zwischen Gate 4 und Gate 6 (auf Höhe der Mubarak Bin Mohammed St.).
- **Open Beach:** Dieser 1,3 km lange Bereich zwischen Al Sahil und der Shaikh Rashid Bin Saeed St. ist auch als „Phase 2" bekannt, da diese Neuland-Erweiterung der jüngste Corniche-Strandabschnitt ist. Er steht allen gratis offen, bietet jedoch (noch) vergleichsweise wenig Infrastruktur – Palmen, Sonnenschirme und gastronomisches Angebot sind spärlich. Vorhanden sind Rettungsschwimmer, Sanitäranlagen und Sportmöglichkeiten wie z. B. Boots- und Kajak-Verleih, Indoor-Surfen und Parasailing.

•102 [C2] **Corniche Beach,** www.dmt.gov.ae, Tel. 6788888. Alle Strände sind von Sonnenaufgang bis Mitternacht geöffnet, jedoch ist das Schwimmen nur bei Tageslicht erlaubt.

Ebenfalls zum Hudayriyat Beach gehört **Marsana**, eine Uferpromenade samt Marina mit 17 Gastronomiebetrieben und Foodtrucks. Man kann herrlich draußen sitzen, Kinder finden Spielgelegenheiten. Sportstätten wie Hochseilgarten, Zipline, Fitnessparcours, Skatepark, Mountainbiketrail und mehr laden zum Auspowern ein, ein Campingplatz zum Übernachten (s. S. 123).

•**103** [dk] **Kai Beach,** Saadiyat, www.kaibeachsaadiyat.com, Tel. 050 2835795, 7–18 Uhr, Fr. nur für Frauen, Eintritt inkl. Liegestuhl: Mo., Di., Do., Fr. 85 Dh, Mi. 55 Dh, Sa., So. 105 Dh. Im Nordwesten der Insel Saadiyat gelegener Badestrand mit Rettungsschwimmern, Umkleidekabinen, Sanitäreinrichtungen, Duschen, Restaurant und einem Angebot an umweltfreundlichen Wassersportmöglichkeiten. Da der Dünenstrand Naturschutzgebiet und Schildkrötennistgebiet ist, muss man über einen Holzsteg zum Strand- und Badebereich gehen.

•**104** [ek] **Saadiyat Beach Club,** Saadiyat, 135 Al Tilal St., Tel. 6563501, www.saadiyatbeachclub.ae, 8–19 Uhr, Tagespass ab 175 Dh. Stilvoll-luxuriöser, gepflegter Strandclub mit herrlichem Sandstrand, Infinitypool, Spa, Fitness, mediterranem Restaurant Safina (s. S. 60), Lounge Cabana 9 (s. S. 63) und wechselnden Events und Partys.

•**105** [dk] **Soul Beach,** Saadiyat, Mamsha Al Saadiyat, Tel. 056 5389037, www.facebook.com/SoulBeachSaadiyatIsland, 8 Uhr bis Sonnenuntergang, Eintritt: So.–Do. 50 Dh, Fr., Sa. 75 Dh inklusive Sonnenliege und Sonnenschirm. Vor den Apartments und Gastronomiebetrieben der Strandpromenade Mamsha Al Saadiyat und in Nachbarschaft des Guggenheim gelegener Badestrand mit Rettungsschwimmern und Lieferservice von den umliegenden Restaurants. Außerdem Strandvolleyball und Fußball, Umkleideräume, Duschen, Toiletten.

•**106** [A2] **West Bay,** Al Bateen, 323 Corniche Rd, Tel. 6924205, www.westbayabudhabi.com, Strand 9–19, Restaurant/Lounge 12–1, Freizeitangebote 10–18 Uhr, Resort Pass Mo.–Fr. 150 Dh, Sa., So. 250 Dh (100 Dh anrechenbar auf Speisen und Getränke). Zum Radisson Blu Hotel & Resort gehörender großer Standclub an der Corniche am Übergang zur Wellenbrecher-Halbinsel. Sandstrand, Swimmingpool, Familien-Pool, Surf-Pool, Restaurant, Foodtruck, Bar und Lounge, Spa, Wassersport, Seilrutsche, Hochseilgarten und Fitness-Club. Wochentags ruhig, am Wochenende Partys.

•**107** [in] **Yas Beach & Cyan Beach,** Yas, Tel. 056 2420435, www.facebook.com/YasBeach, Mo. 10–17, Di.–Fr. 10–19, Sa., 10–22, So., 10–20 Uhr. Strandbucht mit zwei nebeneinanderliegenden Strandclubs südlich des Yas Links Golfclub, die von Bewohnern der benachbarten Apartmentanlagen und Gästen der umliegenden Yas Plaza Hotels gratis genutzt werden können. **Yas Beach** bietet Sonnenliegen und Sonnenschirme oder Cabanas, Pool, Lounge/Bar, Restaurant, Spielplatz, Wassersportmöglichkeiten sowie Strandvolleyball und steht auch zahlenden Tagesgästen offen (wochentags ab 60 Dh, Wochenende ab 120 Dh.). **Cyan Beach** fällt durch große, Instagram-taugliche Deko-Skulpturen auf und bietet Sonnenliegen und -schirme, Cabanas, Strandzelte sowie ein Restaurant mit Alkoholika.

Wellness

Viele **Hotels** bieten einen Spa-Bereich, in dem man sich auch als Nicht-Hotelgast anmelden kann, z. B.:

- Im Iridium Spa des **The St. Regis Saadiyat Island Resorts** (s. S. 124) kann man Massagen, Schönheitsbehandlungen und Therapien buchen, bei denen traditionelle Heilmittel mit modernen Behandlungsmethoden kombiniert werden.

› Das Anantara Spa and Wellness im **Anantara Eastern Mangroves Abu Dhabi Hotel** (s. S. 122) bietet ein traditionell-türkisches Hamam mit Spezialbehandlungen, Massagen, Trocken- und Dampfbädern, Jacuzzi und Saunen. Offeriert werden Wellnesstherapien und Schönheitsbehandlungen aus Arabien und Asien.

Außerhalb der Hotels kann man sich z. B. hier verwöhnen lassen:

•**108** [G5] **The One,** Al Wahda, 813 Hazza bin Zayed The First St., Tel. 4451717, www.theonespa.ae, 10–24 Uhr. Das Spa bietet Massagen für Herren, marokkanisches Bad, Rasuren, Haarentfernung, Hand-, Fuß- und Gesichtsbehandlungen.

› **Tips and Toes,** Al Reem, in der Reem Mall 17, Tel. 600 586848, www.tipsandtoes.com, 10–22 Uhr. Nagelsalon, Schönheitsbehandlungen, Haut und Haare, Massagen. Auch in der Marina Mall 5 und der Nation Towers Mall (s. S. 68).

Am Nationalfeiertag halten einflussreiche Stammesmitglieder unter dem Porträt des Staatsgründers Shaikh Zayed eine Parade ab

093ad Abb.: kk

Zur richtigen Zeit am richtigen Ort

Veranstaltungen im Jahresverlauf

› **Abu Dhabi HSBC Golf Championship,** Januar. Hochdotiertes Golfturnier als Teil der European Tour, www.abudhabigolfchampionship.com.

› **Miami Vibes,** Januar. Streetfood-Festival. Miami-Feeling mit viel Pink auf Saadiyat mit Essensständen und Foodtrucks, www.miamivibes.ae.

› **Al Hosn Festival,** Januar. Zehntägiges Kulturfestival mit Musik, Tanz, Kulturerbe-Ausstellung, Handwerksvorführungen, Kunstausstellungen, Familienprogramm und historischem Souq um Abu Dhabis Fort und in der benachbarten Cultural Foundation, www.alhosn.ae.

› **Maritime Heritage Festival,** Februar. Zehntägiges Kulturerbe-Festival rund um Seefahrt, Fischerei, Perlentauchen und Bootsbau mit Ausstellungen, Aufführungen und Familienveranstaltungen an der Corniche 1, www.visitabudhabi.ae.

› **Abu Dhabi Desert Challenge,** März. Hochrangige Wüstenrallye für verschiedene Fahrzeugklassen, 6 Tage, https://abudhabidesertchallenge.com.

› **Abu Dhabi Festival,** März/April. Dreiwöchiges internationales Festival rund um Tanz, Musik, Theater, Film, Literatur und Kunst, www.abudhabifestival.ae.

› **Mother of the Nation Festival,** Dezember, acht- bis zehntägiges Kultur- und Familienfest am Corniche-Strand zu Ehren von Shaikha Fatima, der Ehefrau des Landesvaters Shaikh Zayed, www.motn.ae.

› **International Hunting and Equestrian Exhibition,** September. Messe rund um den Jagd- und Pferdesport, auch Falknerei, Folkloretänze, Kamelauktion, www.adihex.com.

- **Club Social,** Oktober. 3-Tages-Musikfestival mit Konzerten namhafter Bands, DJ-Sets und Entertainment, www.clubsocial.ae.
- **Abu Dhabi Classics,** Oktober bis Mai. Klassische Musik an verschiedenen Spielstätten, https://abudhabiculture.ae.
- **Yasalam,** November. Zum Formel-1-Grand-Prix veranstaltetes mehrtägiges Festival an der Corniche und auf Yas mit Parade, Party, Konzerten, Familienunterhaltung, Public Viewing, Fanzone, www.yasmarinacircuit.com.
- **Formula 1 Etihad Airways Abu Dhabi Grand Prix,** November. Formel-1-Weltmeisterschaftsrennen am Yas Marina Circuit (s. S. 43), www.formula1.com.
- **Taste of Abu Dhabi,** November. In Restaurants, auf Kochevents und Messen dreht sich drei Tage lang alles ums Genießen; auch Konzerte, www.tasteabudhabi.com.
- **Abu Dhabi Art,** November. Veranstaltungen, Ausstellungen und Seminare zu moderner zeitgenössischer Kunst- und Literatur, www.abudhabiart.ae.
- **Public Art Abu Dhabi Biennale,** November. Im 2-Jahres-Rhythmus stattfindende Präsentation von neuer Kunst, https://abudhabiculture.ae.
- **Abu Dhabi Culinary Season,** November/Dezember. Sechswöchiges Feinschmeckerfest mit stadtweiten Essenserlebnissen, https://visitabudhabi.ae.
- **Abu Dhabi Summer Season,** Dezember. Familienveranstaltungen, Verkaufsaktionen, Einkaufs-, Hotel-, Flugermäßigungen, Preisnachlässe für Kinder und Familien, www.visitabudhabi.ae.
- **UAE National Day Celebrations.** Vielfältige Veranstaltungen – v. a. an der Corniche – zum Nationalfeiertag am 3.12., Feuerwerk, traditioneller Markt, Flugschau, Autoparade, Bootsregatten, Theatershows, Kunstveranstaltungen, Spiel und Spaß, https://uaenationalday.ae.
- **Shaikh Zayed Heritage Festival,** Dezember bis März, im Vorort Al Wathba (Shuttlebus ab Abu Dhabi). Sehr sehenswertes Festival, bei dem die Kultur und des Kulturerbe der V.A.E. gefeiert wird – mit Festival-Dorf, traditionellem Souq, Kamelparade, Falkenvorführungen, Pferdeshows, Handwerkerdarbietungen u. v. m., https://zayedfestival.ae.

Religiöse Feiertage

Religiöse Feiertage richten sich nach der islamischen Zeitrechnung und fallen deshalb nach unserem Kalender jedes Jahr auf ein anderes Datum. Termine werden aktuell nach dem örtlichen Stand des Mondes ermittelt.

Die voraussichtlichen Daten der wichtigsten muslimischen Festtage:

Termine

- Die Abu Dhabi Tourism & Culture Authority bietet einen **Veranstaltungskalender** – auch auf Deutsch – unter www.visitabudhabi.ae
- Die Abu Dhabi Music & Arts Foundation informiert unter www.facebook.com/AbuDhabiMusicAndArtsFoundation über **Musik- und Kunstveranstaltungen.**
- Einen **Kalender mit kulturellen Events** bietet Abu Dhabi Culture unter https://abudhabiculture.ae.
- Infos und Termine für **Tagesveranstaltungen** (Konzerte, Kino, Kultur, Sport etc.) entnimmt man den Tageszeitungen oder Veranstaltungsmagazinen bzw. Websites (s. S. 105).
- **Ticketkauf** z. B. über Virgin Megastore (Tel. 800 86342, http://tickets.virginmegastore.me), e-Ticket oder Ticketabholung z. B. in der Reem Mall 17, Abu Dhabi Mall (s. S. 67), Yas Mall 16 oder in The Galleria (s. S. 68); Ticketmaster, www.ticketmaster.ae, Tel. 800 86823.

- **Al Hijri** (Islamisches Neujahr): 07.07.2024, 26.06.2025, 16.06.2026
- **Maulid al Nabi** (Geburtstag des Propheten): 15.09.2024, 04.09.2025, 25.08.2026
- **Lailat al Miraj** (Himmelfahrt des Propheten): 07.02.2024, 27.01.2025, 16.1.2026
- **Ramadan** (hl. Monat der Muslime): ab 12.03.2024, 01.03.2025, 18.02.2026
- **Eid al Fitr** (Fest zum Fastenbrechen nach Ramadan): zwei bis drei Tage ab 09.04.2024, 30.03.2025, 20.3.2026
- **Eid al Adha** (Großes Opferfest zur Pilgerfahrt nach Mekka): drei bis vier Tage ab 16.06.2024, 06.06.2025, 27.5.2026

Staatliche Feiertage

Staatliche Feiertage finden alljährlich zu den feststehenden Zeiten des gregorianischen Kalenders statt:

- **1. Januar:** Neujahrstag
- **6. August:** Tag des Machtantritts des Staatsgründers, Shaikh Zayed, 1966
- **30. November oder 1. Dezember:** Gedenktag zu Ehren der Soldaten der Vereinigten Arabischen Emirate, die bei militärischen oder humanitären Einsätzen ums Leben kamen
- **2. und 3. Dezember:** Nationalfeiertage zur Staatsgründung der Vereinigten Arabischen Emirate 1971

Der Ramadan – Fasten und Frömmigkeit

Der Koran verbietet allen erwachsenen und gesunden Muslimen, im Ramadan tagsüber zu essen, zu trinken und zu rauchen. Zugleich leben Muslime in diesem Monat, in dem Mohammed seine erste Offenbarung von Gott erfuhr, besonders **religiös und diszipliniert.**

Auch für Touristen bzw. Nichtmuslime, die in dieser Zeit in Abu Dhabi sind (Kinder ausgenommen), ist es **verboten, tagsüber in der Öffentlichkeit zu essen, zu trinken oder zu rauchen.** Was hinter den Türen des Hotelzimmers vorgeht, interessiert allerdings nicht. Auch tagsüber einzukaufen, ist völlig in Ordnung, Lebensmittelläden und Märkte sind wie gewohnt geöffnet. Zahlreiche **Straßenrestaurants** öffnen in dieser Zeit erst ab Sonnenuntergang, viele **Hotelrestaurants** haben jedoch tagsüber auf. Hier kann man wie gewohnt alles bekommen, was man begehrt, Alkohol zwar (offiziell) nicht, abends aber mitunter schon.

Nachtclubs sind während des Ramadan zum Großteil geschlossen, viele **Bars** sind zumindest in den Abendstunden geöffnet und servieren auch Alkoholika, doch Entertainment findet nicht statt, Tanzflächen sind abgesperrt und auf DJ- bzw. Livemusik wird verzichtet.

Trotz mancherlei Entbehrungen hat der Ramadan auch **Vorteile:** Kurz vor Sonnenuntergang bieten kleine Stände Leckereien zum Fastenbrechen an und die Nacht wird quasi zum Tag. Geschäfte und Souqs haben länger geöffnet, Restaurants schließen oft erst in den frühen Morgenstunden. Zahlreiche Restaurants bieten zum Fastenbrechen nach Sonnenuntergang (arab. iftar) sogar üppige **All-you-can-eat-Büfetts** an (ab 50 Dh in Straßenrestaurants, ab 120 Dh in Luxushotels). In großen Hotels und manchen Malls sind extra **Ramadan-Zelte** aufgebaut und mit Teppichen, Kissen und bunten Stoffen gemütlich dekoriert. In ihnen werden abends Getränke, Datteln und Süßigkeiten serviert. Musik und Tanz sorgen für ausgelassene Stimmung.

Das Schönste am Fasten ist das **Fastenbrechen** am Ende des Ramadan, das „Eid al Fitr". Das viertägige Fest gibt Anlass zu ausgiebigem Schlemmen und Feiern.

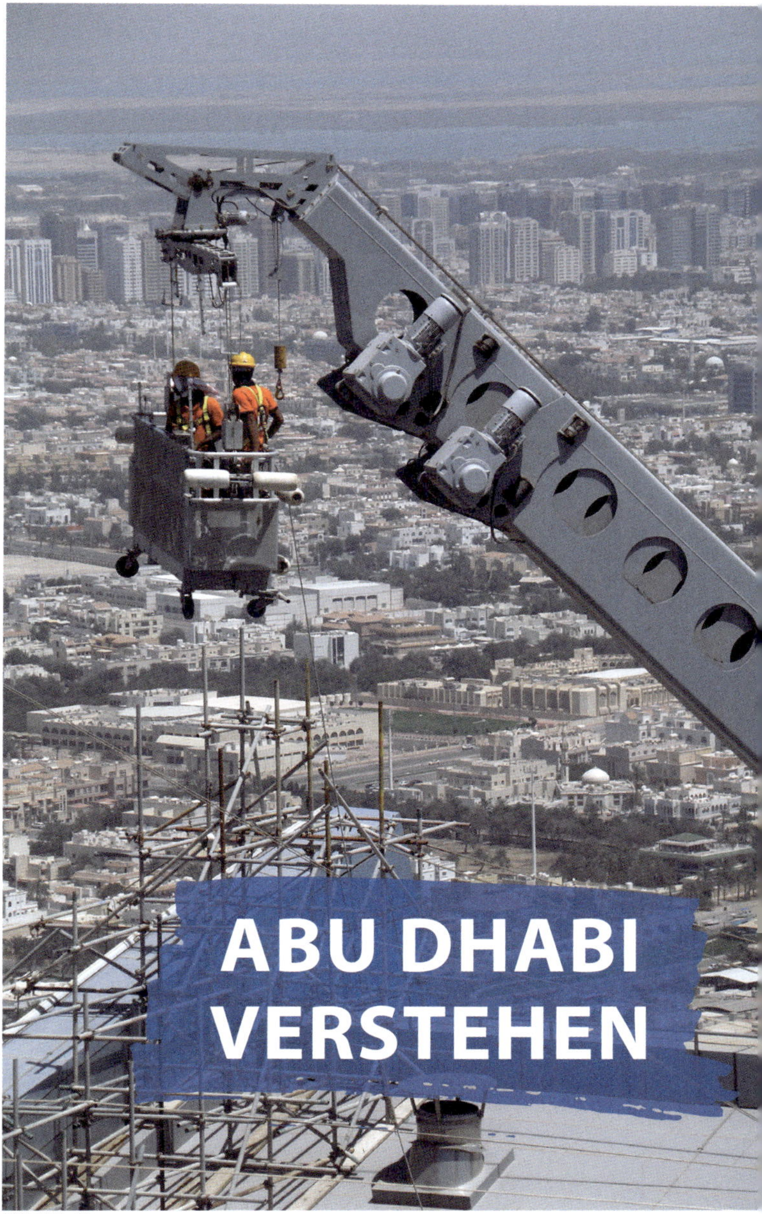

ABU DHABI VERSTEHEN

063ad Abb.: kk

Abu Dhabi – ein Porträt

Abu-Dhabi-Stadt ist die Hauptstadt des Emirats Abu Dhabi und auch die der Vereinigten Arabischen Emirate. Die V.A.E. setzen sich aus den sieben Emiraten Abu Dhabi, Dubai, Sharjah, Ajman, Umm al Quwain, Ras al Khaimah und Fujairah zusammen. Das Gebiet der V.A.E. erstreckt sich im Nordosten der Arabischen Halbinsel entlang der Südwestküste des Golfs. Mit ca. 83.600 km² entspricht die Landesgröße etwa der Ausdehnung Österreichs.

Mit ca. 67.340 m² ist das Emirat Abu Dhabi das flächenmäßig größte Emirat der V.A.E., rund 10 Millionen Einwohner leben im Land, davon etwas über 2 Millionen in Abu-Dhabi-Stadt. Den größten Teil des Binnenlands bedecken unfruchtbare **Salzebenen und Wüstenflächen.** Im Süden dehnen sich die Dünen der Großen Arabischen Wüste **Rub al Khali** („Leeres Viertel") aus. Da Flüsse, Seen oder größere unterirdische Wasservorkommen fehlen, sichern Trockenpflanzen durch Maßnahmen zum Wassersparen und große Saugfähigkeit ihr Überleben.

In den Wüsten lagert der größte Schatz des Emirats – **Erdöl.** 1958 auf dem Wüstenfeld Bab 3 erstmals entdeckt, wurde schon vier Jahre später mit dem Export begonnen. Abu Dhabi besitzt rund 90 % des emiratischen Öls und 9 % der Welterdölreserven. Die Einnahmen daraus haben das Emirat zu einem der wohlhabendsten Länder gemacht. Doch statt Rohöl sollen künftig mehr verarbeitete Produkte hergestellt und exportiert werden. Dazu wird der Ausbau von energieintensiven Industrien, die von der günstigen Verfügbarkeit von Öl profitieren, forciert (Petrochemiesektor, Stahl- und Aluminiumproduktion). Die **Nutzung von erneuerbaren Energien** – vor allem Sonnenenergie – hat enorm an Bedeutung gewonnen: Bis 2050 sollen sie landesweit 44 % des Energiemixes ausmachen.

[>] Tradition und Moderne gehen in Abu Dhabi Hand in Hand

[<] Vorseite: Abu Dhabi wächst – in die Höhe

Abu-Dhabi-Stadt liegt größtenteils auf einer ca. 60 km² großen **Golfinsel.** Über mehrere Brücken, drei davon allein an der schmalen Südostseite, ist diese Hauptinsel mit dem nahen Festland verbunden. Drumherum liegen rund 200 kleinere Inseln, beispielsweise Saadiyat (s. S. 35), Yas (s. S. 39), Al Reem und Lulu. Bei fast allen handelt es sich um natürliche Inseln und nicht um künstlich aufgeschüttete wie im Nachbaremirat Dubai.

Etliche der Eilande sind unbewohnt, sie werden am Ufer von Mangroven gesäumt und das Landesinnere ist von öden Sandflächen geprägt. Doch immer mehr von ihnen werden städtebaulich erschlossen.

Jenseits des schmalen Maqta'-Kanals dehnt sich die Stadt auch auf das **Festland** aus, beispielsweise mit der Industriezone Mussafah, dem internationalen Flughafen und diversen Vororten wie Mohammed Bin Zayed City, Shakbout City oder Khalifa City. Auch die großangelegten Neubauareale New Khalifa City, Al Raha und Masdar City befinden sich auf dem Festland.

Abu Dhabi ist eine **junge Stadt,** die moderne Stadtgeschichte begann mit

Abu Dhabi in Zahlen
Städtische Besiedlung: seit ca. 1790
Einwohner: ca. 2 Millionen
Bevölkerungsdichte: ca. 164 pro km²
Fläche Hauptinsel: ca. 60 km²
Höhe ü. M.: bis ca. 310 m

der Entdeckung und Förderung des Erdöls in den 1960er-Jahren. Binnen nur einer Generation wurde das einstige Beduinen- und Fischerdorf zu einer Großstadt mit einem der höchsten Lebensstandards der Welt und zur Öl- und Finanzkapitale der Golfregion.

Das Emirat dehnt sich an der westlichen Küstenlinie ca. 360 km bis an die Grenze zu **Saudi-Arabien** aus. Im Nordosten liegt **Dubai** ebenfalls am Meer. Vom Stadtzentrum Abu Dhabis sind es ca. 160 km bis zum Zentrum von Dubai.

Von den Anfängen bis zur Gegenwart

Die Geschichte der Vereinigten Arabischen Emirate und Abu Dhabis beschränkt sich nicht auf das heutige Staatsgebiet. Insbesondere die wechselvolle Historie des Oman prägte die Region. In der ersten Hälfte des 19. Jahrhunderts dehnte sich das zum Seehandelsimperium aufgestiegene Sultanat über das gesamte ost- und südarabische Gebiet am Rand des Indischen Ozeans sowie über die südliche und nördliche Golfregion bis zum Roten Meer und zur ostafrikanischen Küste aus. Auch wenn das heutige Gebiet der V.A.E. bis in die 1950er-Jahre zum omanischen Territorium zählte, so herrschten die hiesigen Shaikhs meist unabhängig.

141ad Abb.: kk

2500–2000 v. Chr: Zur Zeit der Umm-al-Nar-Periode (benannt nach einer Küstensiedlung nahe Abu Dhabi) führt die Region Handelskontakte mit Mesopotamien, Kupferfunde in den Hajar-Bergen.

Ab ca. 1500 v. Chr: Domestizierung des Kamels

7. Jahrhundert: Einwanderungswellen südarabischer Stämme an den unter persischem Einfluss stehenden südlichen Golf. In den Emiraten gibt es lediglich am Fuße der Hajar-Berge und an der Küste kleine Siedlungen, daher kaum Einflussnahme.

570–632: Lebenszeit des Propheten Mohammed

622: Beginn der islamischen Zeitrechnung

630: Vertreibung der Perser und Beginn der Ausbreitung des Islam in der Region

7.–16. Jahrhundert: Relative Selbstständigkeit der südlichen Golfregion gegenüber dem islamischen Kalifat und den islamischen Dynastien

Ende 15. Jahrhundert: Blütezeit des Königreichs von Hormuz, zu dem neben der Golfinsel Hormuz auch Teile des Oman und Julfars, einer bedeutenden Hafenstadt nahe Ras al Khaimah, gehören.

Ab Beginn des 16. Jahrhunderts: Herrschaft der Portugiesen am Golf. Sie unterhalten Stützpunkte in einzelnen Küstensiedlungen, um ihre Seehandelswege zu sichern.

Ab Beginn des 17. Jahrhunderts: 1622 Verdrängung der Portugiesen aus Hormuz durch die von Persern unterstützten Briten und 1650 aus Muscat durch den omanischen Imam. Ausdehnung britischer, niederländischer, französischer Handelsniederlassungen an der Golfküste.

17. und 18. Jahrhundert: Piratentum beeinträchtigt die Schifffahrt und die Handelsaktivitäten, der Stamm der Al Qawasim von Ras al Khaimah kontrolliert ab 1763 die obere und untere Golfküste.

Ab 1760: Beduinen der Familie Al Nahyan vom Stamm der Bani Yas verlassen die Oase Liwa und siedeln an der Küste auf der Insel Abu Dhabi. Abu Dhabi wird die Hauptstadt des von der Familie Al Nahyan beherrschten Areals. Baubeginn der Festung Al Hosn, Beginn der Perlenfischerei.

Ab 1787: Saudische Wahabiten (reformistische Bewegung aus Zentralarabien) unterwerfen die Al Qawasim und versuchen, die schiitische Bevölkerung zum Wahabismus zu bekehren. Mehrfach Kämpfe um die Buraimi-Oasen.

1812: Der Oman und Persien verbünden sich und besiegen die Wahabiten.

1820: Großbritannien verbündet sich mit dem Oman und startet Strafexpeditionen gegen Piratenstützpunkte an der südlichen Golfküste, Friedensvertrag zwischen Großbritannien und den Scheichs der sogenannten „Piratenküste". Beginn der britischen Golfpolitik.

1833: Das bislang zu Abu Dhabi gehörende Dubai wird zum eigenständigen Scheichtum erklärt.

1835 und 1843: Vertragsschlüsse mit Großbritannien, in denen die Shaikhs zusagen, Piraterie und Kriegsführung einzudämmen, die „Pirate Coast" wird zur „Trucial Coast" („Vertragsküste").

Ab 1855: Unter Shaikh Zayed Bin Khalifa al Nahyan steigt Abu Dhabi zur erfolgreichsten Macht am Golf auf. Abu Dhabi entwickelt sich zum Zentrum der Region und zieht zahlreiche Einwanderer aus dem Hinterland, den benachbarten Scheichtümern sowie aus Persien, Pakistan und Indien an.

Ab 1903: Gründung britischer Handelsniederlassungen am südlichen Golfufer. Boom des Perlen- und Goldhandels, da neben Indien auch Europa ein immer wichtigerer Handelspartner wird.

Ab 1909: Nach dem Tod von Shaikh Zayed Bin Khalifa al Nahyan folgen blutige Nachfolgestreitigkeiten, bei denen bis 1928 vier seiner Söhne ermordet werden.

1928–1966: Unter der Herrschaft von Shaikh Shakhbout Bin Sultan stabilisiert sich Abu Dhabi. Doch der Shaikh hortet die Erdöleinnahmen und sperrt sich gegen Projekte, welche die soziale und infrastrukturelle Situation des Emirats verbessern könnten. Die Unzufriedenheit der Bevölkerung wächst.

Ab 1930: Niedergang der Perlenfischerei in der Golfregion, teilweise wirtschaftliche Not und Abwanderung der Bewohner

1958: Entdeckung von Erdöl

1962: Beginn der Erdölexporte Abu Dhabis

1966: Beginn der Regentschaft von Shaikh Zayed Bin Sultan al Nahyan, der als „Vater" des Emirats in die Geschichte eingeht. Er löst seinen Bruder Shakhbout ab, dessen Regentschaft die Familie zu entzweien drohte.

1968: Ankündigung der Briten, bis 1971 ihre Verpflichtungen und kolonialen Vorrechte östlich von Suez aufzugeben

1971: Staatsgründung der V.A.E., Rückzug der Briten aus allen ihren Gebieten östlich des Suezkanals, Verträge mit Großbritannien verlieren ihre Gültigkeit. Erster Präsident wird Shaikh Zayed Bin Sultan al Nahyan. Abu-Dhabi-Stadt wird die Hauptstadt des jungen Staates und erlebt in den folgenden Jahren einen immensen Bauboom. Start einer Immigrationswelle ausländischer Arbeitnehmer.

1976: Die erste Raffinerie in Umm al Nar nimmt ihren Betrieb auf, Abu Dhabi avanciert zum Zentrum der Ölindustrie.

2004: Tod von Shaikh Zayed bin Sultan Al Nahyan, dem Gründungsvater der V.A.E. Sein Sohn Khalifa tritt die Amtsnachfolge an.

2020: Auch in den V.A.E. hat sich – wie auf der ganzen Welt – die Covid-19-Pandemie ausgebreitet, knapp drei Jahre lang betreffen Wirtschaftseinbrüche vor allem Handel, Luftfahrt- und Reisebranche.

121ad Abb.: kk

2021: Das Land feiert sein 50. Staatsjubiläum.

2022: Nach dem Tod von Staatspräsident Shaikh Khalifa wird sein Halbbruder Shaikh Mohamed bin Zayed Al Nahyan zum Amtsnachfolger gewählt, er ist der dritte Präsident seit Staatsgründung.

2023: Fertigstellung des landesweiten Etihad-Rail-Fracht-Eisenbahnschienennetzes, zukünftig soll auch die Personenbeförderung ausgebaut werden (www.etihadrail.ae).

Das ab 1793 erbaute Qasr Al Hosn 9 *ist heute von Wolkenkratzern umgeben*

Leben in der Stadt

Stammes- und religionsabhängige Gesellschaftsnormen sind in Abu Dhabi von großer Bedeutung und ihre Einhaltung wird – neben der Loyalität zum Staat und dem alle Einheimischen verbindenden Nationalbewusstsein – als „oberste Bürgerpflicht" angesehen. Auf diesem Fundament entwickelte sich ein moderner Lebensstil, der jedoch diversen Dynamiken und Fremdeinflüssen unterliegt.

Tradition und Moderne

Abu Dhabi wuchs im Zeitraffer: Seit den ersten Ölfunden Mitte des letzten Jahrhunderts und dem Zusammenschluss von sieben selbstständigen Scheichtümern zum Staatenbund der Vereinigten Arabischen Emirate im Jahr 1971 erlebt dieser Wüstenwinkel im Schnelldurchlauf eine Entwicklung, für die andere Städte 100 Jahre und länger gebraucht haben. Durch Abu Dhabis **rasante Entwicklung** bilden dieselben Menschen, die als junge Erwachsene noch allein von Dattelanbau, Viehzucht, Perlenhandel, Piraterie, Goldschmuggel oder Fischerei lebten, heute die ältere Generation eines begüterten Volkes. Aus Lehm- oder Palmwedelhütten zogen die Bewohner in Luxusapartments, Villen und Prachtpaläste. In kaum einem anderen Teil der Welt wandelte sich das Leben binnen nur einer Generation derart schnell und tiefgreifend.

Die vielen Annehmlichkeiten einer **Hightech-Luxusgesellschaft** sind in Abu Dhabi ebenso Teil des Lebensalltags wie das bewusste Aufrechterhalten von **alten Wertvorstellungen** und **Stammestraditionen.** In Abu Dhabi trifft beduinisches Selbstbewusstsein auf globales Sendungsbewusstsein. Das Wertschätzen von alten Bräuchen und Tugenden steht im Kontrast zu einer besonderen Dynamik, die sich im modernen Lebensstil, der vielgestaltigen Stadtplanung und der breit gefächerten Wirtschaftsorientierung manifestiert.

In Abu Dhabi sieht man sich nicht nur als das Zentrum eines modernen, globalisierten und wandlungsfähigen, sondern auch eines **kosmopolitischen Arabiens**, in dem sich Orient, Asien und westliche Welt nicht nur geografisch, sondern auch gesellschaftlich begegnen. **Mehr als sechzig Nationalitäten** leben und arbeiten zusammen. Gelassenheit und Toleranz der Einheimischen gegenüber anderen Kulturen und Lebensweisen sind groß, jedoch nicht unendlich. So gilt beispielsweise ein striktes **Kritikverbot** bezüglich der einheimischen Lebensart, der Herrscherfamilie und allzu brisanter weltpolitischer Geschehnisse.

023ad Abb.: kk

[>] *Der Koran ist das heilige Buch aller Muslime*

[<] *Am südlichen Golfufer hat sich der Islam etabliert*

Die **Bewohner** Abu Dhabis teilen sich in etwa **19 % Emirater** und **81 % Einwanderer** aus fremden Ländern auf. In dieser multi-ethnischen Gesellschaft sind die Einheimischen eine Minderheit im eigenen Land. Trotz dieser Vielfalt ist die Stadt kein Schmelztiegel der Kulturen. Im Gesellschafts- und Wirtschaftsleben nehmen Einheimische die Führungspositionen ein. Fremdarbeiter leben in einer regelrechten **Parallelgesellschaft**, sie unterhalten in der Regel kaum Kontakte zur einheimischen Bevölkerung (beziehungsweise diese nicht zu ihnen) und sie haben ihre eigenen Wohnviertel sowie eigene Orte der Begegnung und Freizeitgestaltung.

Langfristig setzt Abu Dhabi vor allem auf die Anstellung von höherqualifizierten Arbeitnehmern im Rahmen einer wissensbasierten Wirtschaftsausrichtung. Die Regierung versucht zudem, mit verschiedenen Reformen und Initiativen die **Arbeitsbedingungen von Arbeitsplätzen im nichtöffentlichen Sektor** zu steigern, sodass insbesondere Emiratis daran Interesse gewinnen. Visareformen sollen die Arbeitswelt verändern und Top-Talente aus der ganzen Welt anziehen, die als Motor für die weitere Entwicklung fungieren.

Stamm und Religion

Stammesverbundenheit spielt eine wichtige Rolle in der Gesellschaft Abu Dhabis, Traditionen und Gesetze einer Beduinengemeinschaft existieren weiterhin und machen einen Teil des gesellschaftlichen und politischen Systems aus.

Ein Stamm ist die älteste **gesellschaftliche Organisationsform** der Arabischen Halbinsel, die schon in

KURZ & KNAPP

Islam

Das arabische Wort „Islam“ kann als **„Ergebung und Hingabe in den Willen Gottes“** übersetzt werden. Der Islam ist eine streng monotheistische Religion. Es gibt nur einen Gott, der im arabischen Allah genannt wird, aber derselbe Gott ist, an den auch Christen und Juden glauben.

Shaikh

Shaikh (arabisch für **„Ältester“, „verehrungswürdig“**) ist der Titel für Stammesälteste und Stammesoberhäupter, Vorstände von Familienverbänden, Adelige und deren Söhne sowie ehrwürdige Religionsgelehrte. Shaikha bezeichnete ursprünglich die Tochter eines Shaikhs, heute ist es auch der Titel seiner Frau.

142ad Abb.: kk

Bohrer auf dem Buckel – Pimp the Jockey

Der **Kamelrennsport** ist ein überaus einträgliches Geschäft. Die Teilnahme an Rennen und Kamelzucht gilt als Zeichen arabischer Identität. Hauptsächlich geht es um Ruhm und Ehre, doch den Kamelbesitzern und Trainern bringt der Sport auch Reichtum und eine gesicherte Zukunft.

Seit einiger Zeit werden die hochgezüchteten Edelrenner nicht mehr von **menschlichen Jockeys** geritten, sondern von **maschinellen Ersatzkollegen** – in der gesamten Golfregion heißt es heute „Hilti gegen Black & Decker". Und das kam so: Als das Öl aus dem verdorrten Wüstenboden sprudelte, avancierte das Volksfest-Highlight Kamelrennen zu einem exorbitant teuren Prestigesport. In diesen Ölboomzeiten peitschten minderjährige Kinderjockeys die holperigen „Rennmaschinen" zum Sieg, doch hoheitliche Dekrete des zweiten Millenniums besagen, dass Kameljockeys mindestens 18 Jahre alt sein müssen.

Somit war eine zündende Idee gefragt, um die leichten Kinder nicht durch schwere Jungs ersetzen zu müssen, was der Renngeschwindigkeit der Tiere nicht gut getan hätte.

Und so entstand der maschinelle Jockey, eine Konstruktion, die sich als **ferngesteuerter Akkuschrauber** mit Peitsche und Stoffverhüllung beschreiben lässt. Ausgefeilte Modelle sind sogar mit einem Funkgerät bestückt, sodass der Kameleigner während des Rennens mit seinem schnellen Schätzchen „sprechen" kann. Diese „Bohrer auf dem Buckel" wiegen knapp vier Kilo. Vor allem für Jungkamele, die unter der Last eines erwachsenen Reiters ziemlich stöhnen würden, eignen sie sich besonders. Technisch deutlich übertrieben, werden sie oft als „Roboter-Jockeys" bezeichnet – aber wer weiß, was die Zukunft noch bringt?

Ist das Ganze nun **Fortschritt oder Kulturbruch?** Die Meinung der Kameleigner schwankt zwischen Begeisterung und Entsetzen. Manche loben, man müsse sich nun keine Sorgen mehr um die Kinder machen. Sie wünschen sich ausgefuchstere Peitschvarianten, lautere Hupen und immer leichtere Modelle. Ideen, die neuen Reiter via Handysignal fernzusteuern, sind bei vielen willkommen, denn dann könnte man sein Lieblingsrennkamel ja auch von der weitab liegenden Jacht aus steuern … Andere verfluchen den neumodischen Kram und sehen den Untergang des Morgenlandes nahe.

Wer weiß, vielleicht ist es nur eine Frage der Zeit, bis auch die Kamele durch ferngesteuerte Maschinen ersetzt werden …?

vorislamischer Zeit bestand. Die weitgehend nomadischen Stämme kann man schwer in geografischen Grenzen fassen, Mitglieder eines Stammes teilen das Verständnis von einer gemeinsamen Abstammung und gegenseitigen Verwandtschaftsbeziehung. Das Einhalten der ungeschriebenen stammeseigenen Regeln und Gebräuche dominiert noch heute das Leben der Emiratis.

Machtvolle und einflussreiche Stellungen, beispielsweise in der Regierung, Verwaltung, Armee, Polizei sowie in der Privatwirtschaft haben Angehörige der Herrscherfamilie inne.

An der Gesellschaftsspitze stehen die **Shaikhs** und Angehörigen der

Herrscherfamilie Al Nahyan, die allesamt beduinischen Ursprungs sind. Den Shaikhs folgen die „normalen“ **Staatsbürger**, die sich aus hier geborenen Beduinen-Arabern – welche die einfache Stammesbevölkerung bilden – und langjährig ansässigen **Zuwanderern** – zumeist iranischen und indischen Ursprungs – zusammensetzen. Unter Letzteren gibt es große Händlerfamilien, die über viel Macht und Einfluss verfügen.

Neben diesen Einheimischen zählen zahlreiche **Fremdarbeiter** zu den Einwohnern Abu Dhabis. Mit Beginn der Erdölförderung setzte ein gewaltiger vom Staat geförderter Zustrom ausländischer Arbeitskräfte ein. Der Grund lag darin, dass die landeseigene Bevölkerung weder der Anzahl, noch dem Ausbildungsstand nach zur Bewältigung der bevorstehenden Arbeiten und Aufbauprozesse in der Lage gewesen wäre.

Als wichtiges Bindeglied zwischen den Gruppen fungiert der **Islam**, dem die große Mehrheit der Emirater angehört. Auch viele ausländische Arbeitnehmer, beispielsweise aus Pakistan, Nordafrika oder dem Nahen Osten, sind Muslime. Für alle ist der muslimische Glaube Mittelpunkt des Lebens. Abu Dhabis Herrscher achten sehr genau darauf, dass das islamische Fundament keine Risse bekommt und dass sich keine fundamentalistischen Tendenzen festsetzen.

› Die herrlichste Moschee des Landes, die **Shaikh Zayed Grand Mosque** 12, kann besichtigt werden.

› Ebenfalls zum Besuch offen steht das **Abrahamic Family House** 14, das als Religionszentrum eine Moschee, eine Synagoge und eine Kirche vereint und als Ort der religiösen Toleranz und der Zusammenführung fungiert.

Herrschende Häupter

Die Vereinigten Arabischen Emirate setzen sich aus den **sieben Einzelemiraten** Abu Dhabi, Dubai, Sharjah, Ajman, Umm al Quwain, Ras al Khaimah und Fujairah zusammen. Sie bilden eine föderale, **konstituionelle Monarchie.** Kennzeichnend für das politische System ist die Verknüpfung von staatlichen und Stammesstrukturen. Die Herrscher der **Emirate** sind Oberhäupter ihrer weitgehend **autonomen Teilstaaten.** Zugleich sind sie Stammesführer, deren Machtanspruch sich auf dem hierarchischen Aufbau der Stämme und der Loyalität ihrer Mitglieder gründet.

Präsident der V.A.E. und Herrscher Abu Dhabis ist H.H. Shaikh Mohamed Bin Zayed al Nahyan, dessen Amtszeit 2022, durch die Wahl der Herrscher aller Emirate, begann. Als dritter Präsident des Staatenbundes setzt er den Kurs seines 2004 verstorbenen Vaters Shaikh Zayed Bin Sultan al Nahyan fort. Shaikh Zayed war – sowohl lokal, wie auch international – als Mentor und erster Präsident des 1971 gegründeten Föderationsstaates der Vereinigten Arabischen Emirate hoch angesehen. Zudem war er 38 Jahre lang Herrscher von Abu Dhabi. **Kronprinz** von Abu Dhabi ist der älteste Sohn des Staatspräsidenten, Shaikh Khaled. Seit 1966 regiert die Dynastie der **Al Nahyan** über Abu Dhabi.

Vizepräsident der V.A.E. ist H.H. Shaikh Mansour bin Zayed al Nahyan, er ist ein Sohn des Gründervaters. Dieses Amt hat er gemeinsam inne mit H.H. Shaikh Mohammed Bin Rashid Al Maktoum, dem Herrscher von Dubai, der zudem sein Schwiegervater ist.

Zukunftsvisionen

Wachstum und Umgestaltung sind zwei wichtige Attribute der Landeshauptstadt Abu Dhabi auf ihrem Weg in die Zukunft. Ein Rahmenplan geht davon aus, dass die Stadt bis 2030 auf 3 Millionen Einwohner anwachsen wird. Wirtschaftsorientierte Strategien legen den Fokus auf eine größere Unabhängigkeit vom Öl- und Gassektor und eine stärkere Konzentration auf wissensbasierte Branchen. Auch die Nutzung von nachhaltigen Energien gewinnt große Bedeutung.

Um den immensen Wohnungsbedarf zu decken, muss die diesbezüglich heute fast ausgereizte Hauptinsel entlastet werden, und so plant und baut man die Zukunft auf umliegenden, noch **unbewohnten Inseln**, z. B. auf Jubail (www.jubailisland.ae) und Hudayriyat (www.hudayriyatisland.ae) sowie auf dem Festland samt Hinterland. Beliebt und teuer ist Wohnraum mit hauseigenem Strandzugang, wie z. B. die Villen auf der zukünftig umgestalteten Insel Ramhan (https://ramhanisland.com).

In relativ selbstständigen **Neubauquartieren** sind Einzelhandels- und Dienstleistungsstraßen, Gesundheitsinfrastruktur, Bildungsstätten, Sport- und Freizeitzentren sowie Einkaufszentren bzw. Megamalls geplant. Viele Areale weisen eine Spezialisierung auf, so soll **Saadiyat** nicht nur 150.000 Einwohnern Wohnraum bieten, sondern auch eine Kultur- und Museumsinsel sein. **Yas** ist als Sport- und Erlebniszentrum konzipiert und **Al Maryah** als Börsenhandels- und Finanzdienstleistungs-Eiland. Nicht nur städtebaulich wichtig, sondern von großer innenpolitischer Bedeutung ist der Bau von Villenvierteln für die einheimische Bevölkerung.

International bekannt ist der nahe am Flughafen gelegene Stadtteil **Masdar City** (s. S. 47), der als autofreie Zukunftsstadt überwiegend durch erneuerbare Energien versorgt werden soll (www.masdarcity.ae). Einmalig am Golf, stehen auf dem rund sechs Quadratkilometer großen Neubauareal nicht Prunkbauten und Schnellstraßen im Vordergrund, sondern Konzepte, um ein Leben mit möglichst wenig fossilen Brennstoffen und möglichst wenig Wasser zu realisieren. Auch Abfallreduzierung, öffentlicher Personennahverkehr und Fußgängerfreundlichkeit sind wichtige Themen. Masdar City ist vielerlei zugleich: eine Pionierstadt der Zukunft, eine **Teststadt für nachhaltige Energieversorgung** und effiziente Energienutzung, aber auch eine Begegnungs-, Lehr- und Forschungsstätte sowie eine Innovationsdrehscheibe und Freihandelszone rund um erneuerbare Energien, Elektromobilität, Ressourcenschonung und Recycling.

Das **Masdar Institute** ist das intellektuelle Rückgrat der Stadt. Hier steht ökologische Nachhaltigkeit auf der Basis von erneuerbaren Energien und Ressourcenschonung im Fokus von Forschung und Lehre. Die markante Architektur des 33.000 m² großen Campus veranschaulicht effiziente Methoden, wie man dem Wüstenklima auch ohne Energieverbrauch quasi passiv ein Schnippchen schlagen kann.

Masdars **Gebäudekonzepte** – sowohl für Studentenwohnraum als auch für Ökovillen – hat man sich bei traditionellen arabischen Siedlungen abgeschaut: Der meist aus Nordost kommende Wind kann durch die entsprechend ausgerichteten Gassen fe-

gen. Eng stehende Gebäude tragen dazu bei, dass die im Schatten liegenden Innenräume mit möglichst niedrigem Energieaufwand heruntergekühlt werden können. Auch sind die seit jeher bewährten vor-elektronischen Klimaanlagen, die Windtürme, in großer und moderner Form integriert.

Einen Teil der Energieversorgung von Masdar City übernimmt das vor den Toren der Stadt in der Wüste der Western Region liegende **Sonnenwärmekraftwerk Shams 1**. Statt Photovoltaik-Anlagen dient hier ein System von Spiegeln dazu, gebündelte Sonnenenergie als Turbinenantrieb zu nutzen.

Der Übergang zu einer **wissensbasierten Wirtschaft** und die wissenschaftliche Erforschung von praktischen Lösungen für die größten Herausforderungen unserer Zeit sollen beschleunigt werden. Masdar City ist daher auch als Ort der Forschung und des Wissenschaftstransfers konzipiert. Vorreiter ist das **Institute of Science and Technology**, das sich der Erforschung zukunftsweisender Lösungen in den Bereichen Energie und Nachhaltigkeit widmet, samt all der dazugehörigen Forschungs- und Schulungseinrichtungen. Die **Mohamed bin Zayed University of Artificial Intelligence** verschreibt sich als weltweit erste Universität einzig dem Thema künstliche Intelligenz. **Tech Park** ist ein Bereich speziell für Technologie-Start-ups. Auch die **V.A.E.-Raumfahrtbehörde** und die **Internationale Agentur für Erneuerbare Energien** haben ihren Hauptsitz in Masdar. So kann man den Namen Masdar, der mit „Quelle" bzw. „Ursprung" übersetzt wird, auch dahingehend deuten, dass Masdar „Quelle des Wissens" sein möchte. Ökologie und Ökonomie sollen in Masdar City voneinander profitieren. So sollen sich Firmen und Institute – vom Gründer bis zum Großkonzern – aus den Bereichen

Erneuerbare Energien gewinnen an Bedeutung – hier die CSP-Anlage Shams 1

Zukünftige Kulturziele und Architekturikonen auf Saadiyat

Saadiyat ist Schauplatz von imposanten Bauprojekten: Vorstadtvillen, Resortanlagen, Shoppingbereiche, Bildungsstätten. Doch vor allem sorgen Saadiyats Museen und Kultureinrichtungen für Aufmerksamkeit.

Vollendeter Vorreiter ist der **Louvre Abu Dhabi** 13. Von außen unverkennbar ist diese Architekturikone durch seine ornamentverzierte Riesenkuppel. Das Kunstmuseum gehört zu den bedeutendsten Sehenswürdigkeiten der Stadt und zieht weltweite Aufmerksamkeit auf sich.

Manarat Al Saadiyat (s. S. 52) ist ein kreatives Kulturzentrum, das mit international relevanten Ausstellungen, Veranstaltungen und Workshops zur lebendigen Kunstszene der Region beiträgt.

Sowohl aus architektonischer Sicht als auch in puncto religiöse Toleranz bemerkenswert sind die drei konsequent kubistisch gestalteten Gebetshäuser des **Abrahamic Family House** 14.

In naher Zukunft sollen weitere Highlights für Staunen sorgen: Weltruhm genießt das **Guggenheim Museum.** Die Abu Dhabi Dependance könnte voraussichtlich 2025 fertiggestellt sein, die meeresumspülte Lage und die wohlüberlegt-chaotische Logo-Architektur haben bisher immer wieder für Bauverzögerungen gesorgt. Elf geometrisch geformte Riesenraumteile verschachteln sich ineinander und werden moderner und zeitgenössischer Kunst ganz besondere Räume mit lokal wie global einmaligen Dimensionen bieten. Die auffällige, asymmetrische Kegel-, Trichter-, Zapfen- und Kubus-Architektur des Gebäudes soll an die Bauweise hiesiger traditioneller Windtürme erinnern. Diese Formenvielfalt ermöglicht die Ausgestaltung der Ausstellungsflächen in verschiedenen Formen und auf mehreren Ebenen – ungewöhnliche Raumerlebnisse kennzeichnen den Museumsbesuch. Die Galerien sind durch Laufstege und Glasbrücken miteinander verbunden und gruppieren sich um einen überdachten Innenhof. Die Sammlung möchte die Vernetztheit der heutigen Kunstwelt als transkulturellen Austausch mit kulturübergreifenden Inspirationsquellen zeigen. Das Guggenheim Abu Dhabi präsentiert eine globale Sammlung mit Schwerpunkten auf den Regionen Westasien, Nordafrika und Südasien und soll das Verständnis dafür fördern, wie unterschiedliche Kunstperspektiven die miteinander verknüpften Geschichten und Kulturen unserer Zeit inspirieren (www.guggenheim.org).

Ebenfalls als architektonisches Wunderwerk wurde das **Shaikh Zayed National Museum** konzipiert. Es ist Denkmal und Gedenkstätte für den Gründungspräsidenten der V.A.E., Shaikh Zayed bin Sultanal Nahyan. Hier stehen sein Leben und politisches Wirken sowie die Landesgeschichte, Kultur und Nationalidentität im Fokus. Fünf herausragende Stahlflügel formen das Museumsgebäude in Form von Falkenflügelspitzen und erinnern damit an die Greifvogeljagd als Lieblingssport des Landesvaters. Diese aerodynamisch geformten Riesenflügel fungieren Schornstein-ähnlich als solarthermische Türme: Unter Ausnutzung des Kamineffekts wird angewärmte Luft im Museumsinneren vertikal nach oben zu den aufgewärmten Flügelspitzen gesogen und durch Lüftungsschlitze nach draußen geleitet. Kühlere Frischluft aus der Tiefe wird durch Rohre ins Museum geleitet. Ein üppig-grüner Garten wird dieses Museum umgeben (www.fosterandpartners.com).

Weniger prominent, aber auf jeden Fall auffällig soll der für 2024 angekündigte besondere Kunstraum namens **teamLab Phenomena** sein, der sich als Fusion einer interaktiven Kunstgalerie mit einem immersiven Wissenschaftsexperiment skizzieren lässt. Das außergewöhnlich designte und technisch ausgeklügelte Gebäude besticht äußerlich durch fließende, futuristische Formen und in seinem Inneren überrascht eine riesige Ausstellungsfläche mit kreativem Konzept. Ideengeber ist das japanische Künstlerkollektiv TeamLab (www.teamlab.art). Die Sammlungen widmen sich dem Thema Umweltphänomene und sollen neue Perspektiven auf die Welt eröffnen. Die digital-experimentellen Exponate werden von der sich verändernden Umwelt geformt und jedes wird so gestaltet, dass es auf seine spezielle Umgebung im Gebäude reagiert. Phenomena soll ein inspirierender Ort sein, der Neugier, Vorstellungskraft und Kreativität weckt.

Das **Naturhistorische Museum,** das voraussichtlich Ende 2025 fertiggestellt sein soll, plant, einige der seltensten Exemplare der Naturgeschichte zu zeigen. Unter Einsatz modernster Technologie wird das Museum in immersiven und interaktiven Ausstellungen den Beginn des Universums, die Entstehung der Erde sowie die Entwicklung des Lebens behandeln – und auch einen Blick in die mögliche Zukunft werfen. Als Besonderheit soll dies aus arabischer Perspektive geschehen, auch die lokalen Naturschätze und die geologische Geschichte der Region werden thematisiert (www.miral.ae).

Nachhaltigkeit und erneuerbare Energien ansiedeln und die Vorteile einer Freihandelszone genießen.

Masdar, auch bekannt als **Abu Dhabi Future Energy Company,** ist ein in den Fachbereichen erneuerbare Energien, saubere Technologien und nachhaltige Stadtentwicklung weltweit agierendes Unternehmen. In Kooperation mit führenden Energieunternehmen unterstützt Masdar die Entwicklung erneuerbarer Energien, unter anderem als Teilhaber eines Konsortiums, das in der Region Al Dhafra die **weltgrößte Solarkraftanlage** baut.

Die **Dekarbonisierung des Energiesektors** gewinnt immer größere Bedeutung. Dabei setzen die V.A.E. kurz- und mittelfristig auch auf die Nutzung von **Atomenergie:** Das westlich von Abu Dhabi gelegene Barakah-Kernkraftwerk soll in naher Zukunft (voraussichtlich 2024) 25 % des landesweiten Strombedarfs decken. In Zeiten der globalen Energiekrise bezeichnet man in den Emiraten Atomkraft als Garant der Energiesicherheit und Nachhaltigkeit, Barakah ziert sogar eine neu gestaltete 1000-Dh-Banknote (Infos: www.enec.gov.ae). Landesweit soll Kernenergie im Rahmen der UAE Energy Strategy 2050 6 % des Energiebedarfes decken. Diese Strategie zielt auf einen Energiemix ab, der erneuerbare und nukleare Energiequellen kombiniert. Der Anteil erneuerbarer Energie soll dabei bis 2050 auf 44 % erhöht werden. Gas und Kohle sollen 50 % decken.

Abu Dhabis Zukunftspläne beinhalten auch Strategien für eine **neue wirtschaftliche Ausrichtung.** Diversivizierung und Erhöhung der Einnahmen aus dem Nicht-Erdöl-Sektor stehen im Fokus. Ziel ist es, wirtschaftliche Unabhängigkeit vom Öl- und Gassektor zu erlangen, sich weitere starke Standbeine zu schaffen und den hohen Wohlstand auch in der Zeit nach dem Öl zu halten.

Eine Neuausrichtung der Wirtschaft soll durch **Wachstum und Produktivitätssteigerung** in vielerlei Bereichen erfolgen: Petrochemie, Metallindustrie, Lebensmittelherstellung, Pharmaproduktion, Medizintechnik, Verkehr, Handel, Logistik, Bildung, Mikroelektronik, Telekommunikation, Medien und Finanzdienstleistungen. Die Errichtung einer der größten Industriezonen der Welt, der **Khalifa Industrial Zone Abu Dhabi** (kurz Kizad, Infos: www.kizad.ae), unterstützt diese Pläne. Das 410 km² große Areal liegt in direkter Nachbarschaft zum Tiefwasserhafen Khalifa Port zwischen Abu Dhabi und Dubai. 2030 sollen in Kizad 15 % des Bruttoinlandprodukts Abu Dhabis erwirtschaftet werden.

Wichtig dazu ist der **Ausbau des Transportsektors** samt Flughafenerweiterung, Metro- und Eisenbahnbau. Die in Bau und Teilbetrieb befindliche Eisenbahnlinie **Etihad Rail** verläuft auf weiten Strecken durch das Emirat Abu Dhabi und bietet Anbindung sowohl an manche Nachbaremirate als auch an Saudi-Arabien und den Oman (www.etihadrail.ae).

Abu Dhabi schärft zudem sein Image als attraktiver **Zukunftsstandort**, in dem die **Digitalisierung** eine wesentliche Rolle spielen soll. Insgesamt soll die digitale Wirtschaft in den kommenden Jahren 20 % zum Bruttoinlandsprodukt außerhalb des Ölsektors beitragen. Technologische Innovation und Vernetzung spielen eine Schlüsselrolle. Internet- und Digitaltechnologien sollen das urbane Leben angenehmer, effizienter und nachhaltiger machen. Bis 2025 soll das ganze Land zu 100 % mit einem 5G-Mobilfunknetz abgedeckt sein – 6G-Technologie steht in den Startlöchern. Auch wissensbasierte Tätigkeiten gewinnen massiv an Bedeutung – so werden Hochqualifizierte aus aller Welt angelockt, um Forschung zu vertiefen, innovative Ideen zu verwirklichen und Schulungsmöglichkeiten zu schaffen.

In puncto **Tourismus** wartet Abu Dhabi mit anspruchsvollen Attraktionen und einer Hotelszene im Premiumsegment auf. Durch Highlights im kulturellen sowie im Sportbereich und mit Vorzeigearchitektur möchte Abu Dhabi den Bekanntheitsgrad einer Weltstadt erreichen. Für 2023 werden insgesamt 24 Millionen Besucher erwartet.

Doch Abu Dhabi soll nicht nur für Touristen attraktiv sein, sondern auch für seine Einwohner und Einwanderer. Letztere sind für die **geplante rasante Entwicklung der Zukunftsmetropole** unabdingbar. Nicht nur für den Städtebau, beispielsweise als Bauarbeiter und Dienstleister, werden ausländische Arbeitskräfte angeworben, sondern auch als hochqualifizierte Fachleute. Damit diese möglichst lange in Abu Dhabi leben, reicht wirtschaftliche Attraktivität allein nicht aus und so legt Abu Dhabi Wert darauf, ein liberales, kreatives und tolerantes gesellschaftliches Klima mit vielfältigen Kultur- und Freizeitaktivitäten zu bieten.

› **Infos:** https://uaenext50.ae, https://u.ae, www.nationbrand.ae, www.ewec.ae

⊡ Ein Kamel wartet geduldig auf Urlauber zum Rundritt durch den Hotelgarten

PRAKTISCHE REISETIPPS

113ad Abb.: kk

An- und Rückreise

Flugverbindungen

Es gibt eine Vielzahl an **Fluggesellschaften**, die nach Abu Dhabi (AUH) fliegen, sodass man aus einer Auswahl von Terminen, Preisen, Serviceleistungen, Anschlussflügen oder Zwischenstopps wählen kann. Die reine **Flugzeit** ab Frankfurt beträgt knapp sieben Stunden.

Hier eine Auswahl von Fluggesellschaften die **direkt** fliegen oder **gute Anschlussmöglichkeiten** bieten:

- **Etihad Airways,** www.etihad.com. Die für ihren Service und Komfort vielgelobte und mehrfach als weltbeste Airline ausgezeichnete nationale Fluggesellschaft der V.A.E. hat Abu Dhabi als Heimatflughafen. Nonstop fliegt Etihad von München, Frankfurt, Wien, Genf und Zürich.
- **Lufthansa,** www.lufthansa.com. Fliegt nonstop von München. Dank einem Partnerschaftsabkommen mit Etihad kann man nach einem Lufthansa-Zubringerflug auch die bei Etihad genannten Abflughäfen nutzen.
- **Wizz Air,** www.wizzair.com. Fliegt nonstop ab Wien.

Durch Partnerschaftsabkommen arbeiten beispielsweise die Fluggesellschaften Lufthansa, Austrian, Swiss und/oder Etihad zusammen, sodass man eine Vielzahl von **Zubringerflügen** wählen kann und nach einem Zwischenstopp weiter nach Abu Dhabi gebracht wird.

Mit Etihad-Flugticket ist es (ohne Aufpreis) möglich, in Abu Dhabi zu landen und ab Dubai nach Hause zurückzufliegen – oder umgekehrt. Der **Flug ab/nach Dubai** wird von der Partnerairline Emirates bedient, es bestehen Direktflüge zwischen Dubai und Düsseldorf, Frankfurt, München, Hamburg, Zürich, Genf und Wien.

Von Dubai nach Abu Dhabi sind es ca. 160 km. Über die Autobahn E11 oder die E311 ist man mit einem Mietwagen in ca. 2 Std. dort, auch Schnellbusse der Dubai Roads and Transport Authority (www.rta.ae) verbinden beide Städte.

Abu Dhabi International Airport

Der internationale Flughafen von Abu Dhabi liegt ca. **35 km außerhalb des Zentrums** auf dem Festland. Er gilt als einer der modernsten der Welt und bietet die üblichen Serviceeinrichtungen wie Geldautomaten, Banken und Geldwechsler, Restaurants und Snackbars, Telefongesellschaften, Autovermieter und einen rund um die Uhr geöffneten, zollfreien Einkaufsbereich (Duty Free). Es gibt kostenloses WLAN und Internetkioske. Ein Dreisternehotel bietet Zimmer – z. B. für Transitreisende – an. Am 2023 eröffneten, markanten X-förmigen Midfield-Terminal können 79 Flugzeuge anlegen.

Vom Flughafen aus fahren **Busse der Linien A1 und A2 ins Zentrum** (rund um die Uhr im 40-Minuten-Takt), beide fahren über Rabdan Interchange (s. S. 128) am Übergang vom Festland zur Hauptinsel. Linie A1 endet an der Abu Dhabi Mall (s. S. 67) im Stadtteil Al Zahiyah. Linie A2 fährt über Abu Dhabi Central Bus Station in Al Nahyan (s. S. 128), die eine Vielzahl von Anschlussmöglichkeiten bietet, und endet im Stadtteil Al Danah in der Khalifa Bin Zayed The First St. beim Capital Park (s. S. 71) nahe der Corniche ❶. Der **Fahrpreis** beträgt je nach Streckenlänge und Fahrkartenart 4 bis 8 Dh (s. S. 127).

Mit dem **Taxi** zur Corniche zu fahren, kostet ca. 80–120 Dh, die Fahrt kann je nach Verkehrsdichte 30–50 Minuten dauern.

Per Bus können Fluggäste mit dem vom Abu Dhabi Airport organisierten **Expressbus nach Dubai** fahren (zur Ibn Battuta Mall, mit Metro-Anschluss, 35 Dh, Wizz Air Passagiere gratis, keine Reservierung nötig, Fahrkarte kann in der Ankunftshalle gekauft werden, fährt tgl. stündlich rund um die Uhr, Fahrzeit ca. 1½ Std., auch Retoure).

Etihad bietet seinen Passagieren einen kostenfreien Luxusbus-Transfer **nach Dubai oder Al Ain.**

- •**109 Abu Dhabi International Airport**, Al Matar, Tel. 5055555, www.abudhabiairport.ae

Der Flughafen hat **Stadtterminals**, in denen man je nach Airline frühestens 24 und spätestens 4 Std. vor Abflug einchecken und sein Gepäck aufgeben kann.

- •**110** [im] **Crowne Plaza Yas Island Check-In-Kiosk,** Yas, im Crowne Plaza Abu Dhabi Hotel
- •**111** [eo] **Park Rotana Hotel Check-In-Kiosk,** Al Muntazah, im Park Rotana Abu Dhabi Hotel

Ausrüstung und Kleidung

In Abu Dhabi gelten keine strikten Kleiderordnungen wie in anderen Ländern der Region. Dennoch sollten die **muslimischen Werte und Anstandsregeln** des Gastlandes respektiert werden.

Shorts bei **Männern** – oberhalb der Knie endend – wirken in den Augen vieler Araber lächerlich, da sie hier als Unter- oder Badehose getragen werden. Auch ärmellose Muskelshirts sind unangebracht. Knie und Schultern zu bedecken, ist eine Grundregel, die für beide Geschlechter gilt.

Für **Frauen** ist es empfehlenswert, sich blickdicht, bauchnabelbedeckt und nicht zu tief dekolletiert anzuziehen. Damit zeigt frau Anstand und erntet deutlich mehr Respekt.

Man sollte nicht in allzu freizügiger Kleidung zum Stadtbummel starten oder im Strandoutfit durch die Hotellobby spazieren. Wer sich unbedingt sexy zeigen möchte, kann dies beim abendlichen Bar- oder Clubbesuch. Und natürlich am Pool sowie am Strand, wobei es an öffentlichen Stränden besser ist, sich im Badeanzug statt im superknappen Bikini zu zeigen. Oben ohne (für Frauen) und FKK (für Männer und Frauen) ist verboten, Tangas sind total unangebracht. Keinesfalls sollte man im Badeoutfit durch die Hotellobby oder die Stadt spazieren.

Bestens als **Reisekleidung** geeignet sind leger geschnittene Kleidungsstücke aus leichten Naturfasern wie Baumwolle, Leinen, Hanf oder Seide bzw. Viskose oder Mikrofasern. Da viele Räume klimatisiert sind und es in den Wintermonaten auch am Abend kühler werden kann, sollte man auch an eine leichte Jacke, einen Pullover oder ein Umhängetuch denken.

Den Körper bedeckende Kleidung schützt zudem vor **Sonnenbrand.** Hut, Kappe, Sonnenbrille sowie Sonnencreme mit hohem Lichtschutzfaktor sind wichtig (s. S. 103).

Wer sich in traditionell **emiratischen Gewändern** kleidet, wird bestenfalls belächelt, aber Einheimische können sich auch beleidigt fühlen.

Autofahren

Verkehrssituation

Abu Dhabi ist bestens auf den **Autoverkehr** eingestellt. Breite Straßen, begrünte Stadtautobahnen, moderne Brücken und Unterführungen prägen das Bild. In allen Emiraten gilt **Rechtsverkehr**, es besteht **Anschnallpflicht** und Kinder im Alter von vier Jahren oder jünger müssen in Kindersitzen sitzen. Man sollte sich genauestens an **Geschwindigkeitsbegrenzungen** halten, denn Radarkontrollen sind häufig und die Bußgelder für zu schnelles Fahren liegen zwischen 200 und 1000 Dh.

Autofahren in Abu Dhabi erscheint Neulingen mitunter **chaotisch.** Zum einen wegen der nicht ausbleibenden Orientierungsschwierigkeiten, zum anderen wegen der brisanten Kombination aus teilweise waghalsig offensiver und andererseits verschlafen schicksalsergebener Fahrweise der einen umgebenden Verkehrsteilnehmer. Die V.A.E. sind eines der Länder mit der höchsten Todesrate bei Verkehrsunfällen. Umsichtig und defensiv zu fahren und immer die Fehler anderer einzukalkulieren, ist mehr als nur ein kluger Ratschlag.

Gewöhnungsbedürftig ist auch das Fahrverhalten in den vielen **Kreisverkehren** (engl. *roundabout,* Abk.: R/A). Eine wichtige Praxisregel lautet, dass Fahrzeuge im Kreisverkehr immer (!) Vorfahrt haben, auch wenn sie auf der innersten Spur sind. Man muss vor jeder Ausfahrt damit rechnen, dass Autos von der innersten Spur ausscheren und den Kreisel verlassen. Leider ist es oft so, dass Wagen der äußersten Spur den Kreisverkehr nicht verlassen, sondern geradeaus weiterfahren – alle Manöver übrigens durchaus ohne Blinker.

118ad Abb.: kk

Anleitung zum smarten Bezahlen der Parkgebühren

Bei **Alkohol** am Steuer gilt eine Nulltoleranzpolitik! Wer getrunken hat, sollte sich auf keinen Fall ans Steuer setzen, denn wer auch nur eine Spur von Alkohol im Blut hat (Vorsicht bei Restalkohol vom Vortag!) und in einen Unfall verwickelt wird – und sei es nur ein harmloser Blechschaden – für den kann es, egal ob schuldig oder nicht, schlecht aussehen.

Bei einem **Unfall** ist die Polizei zu holen, denn ohne ein von ihr erstelltes Protokoll (engl. *report*) darf keine Werkstatt ein Unfallauto reparieren und auch die Versicherungen zahlen nichts. Auch wer dem Auto einen nennenswerten Blechschaden zufügt, ohne dass ein anderes Fahrzeug darin verwickelt ist, muss diesen Weg gehen. Von diesem Protokoll bekommen alle Beteiligten Durchschläge. Die Polizei händigt demjenigen, den sie für unschuldig hält, einen grünen Durchschlag aus, demjenigen, der schuldig scheint, einen roten. Bei harmlosen **Blechschäden** kann es sein, dass vor der Polizei ein Wagen der Organisation Saaed – welche der Polizei assistiert – vorbeikommt und Daten aufnimmt. Dies kostet 300 Dh, zu zahlen vom Schadenverursacher. Kommt es zu einer Gerichtsverhandlung, kann es sein, dass man – je nach Schwere des Unfalls – bis zum Verhandlungsende im Land bleiben muss, schlimmstenfalls in Untersuchungshaft.

Ein Liter **Diesel** kostet rund 2,95 Dh, ein Liter Super 3,14 Dh.

Eine Stunde **Parken** kostet 2–3 Dh (Standard Parking ist weiß-blau markiert, Premium Parking schwarz-blau), Tagespreis 15 Dh. Zur Zahlung der Parkgebühren (arab. *mawaqif*) sind Münzparkuhren oder elektronische Parkscheinautomaten zu bedienen (Bezahlung mit Bargeld, ab 15 Dh auch mit Kreditkarte). Nach Account-Registrierung kann die Bezahlung auch mit dem Darbi-Service online oder per App (s. S. 106), per SMS oder per Mawaqif-Aufladekarte erfolgen. Sonntags und an Feiertagen darf man vielerorts kostenfrei parken.

Nicht nur Parken kostet, es sind auch (bis auf wenige Ausnahmen) **Innenstadt-Mautgebühren** zu zahlen – „Darb“ heißt dieses System. Die elektronischen Mautstellen befinden sich an den vier Brücken, die das Festland bzw. Saadiyat mit der Hauptinsel verbinden. An ihnen werden beim Durchfahren Nummernschilder gescannt, die Kosten werden von registrierten Fahrzeugen automatisch von einem vorbezahlten Guthaben eingezogen (Account und Guthaben sind online beim ITC oder über deren Darb-App zu bedienen). Die Maut beträgt Mo.–Sa. 7–9 und 17–19 Uhr 4 Dh, zu anderen Zeiten ist die Durchfahrt gebührenfrei. Der Tageshöchstpreis beträgt 16 Dh, der Monatshöchstpreis 200 Dh, egal, wie oft man eine Mautstation durchfährt. Die Maut gilt sowohl für in Abu Dhabi als auch für in anderen Emiraten zugelassene Kfz. Mit **Mietwagen** wird die Maut über die Verleihfirmen abgewickelt, üblich ist die zusätzliche Abrechnung von Bearbeitungsgebühren.

Strafgebühren, sowohl fürs Durchfahren der Mautstellen mit unregistrierten Autos als auch für Falschparken oder zu langsames Fahren auf Schnellstraßen, können hoch ausfallen!

› **Infos zu Parkgebühren und Maut:** Integrated Transport Centre (ITC), Tel. 800 850, https://itc.gov.ae
› **Verkehrspolizei** (engl. *traffic police*), Tel. 800 4353 bzw. 4196666
› Unfälle mit Personenschaden: Tel. 999

Mietwagen

Um ein Leihauto fahren zu dürfen, benötigt man einen **internationalen Führerschein** (auch wenn nicht alle Vermieter ihn sehen wollen). Je nach Wagenklasse muss man mindestens 21 Jahre alt sein und wer einen Allradwagen steuern möchte, muss mindestens 25 Jahre alt sein. Die meisten Verleihfirmen verlangen bei Anmietung eine Sicherheitskaution, die üblicherweise per Kreditkarte verbucht und bei schadensfreier Wagenrückgabe (oder danach) rückerstattet wird. Es ist immer – auch bei vorheriger (Online-)Mietwagenreservierung – wichtig zu prüfen, welche Kreditkarten vom Vermieter akzeptiert werden, um bei der Wagenabholung vor Ort nicht leer auszugehen. Zur Hinterlegung der Kaution werden **Debitkarten meist nicht akzeptiert** (obwohl dies technisch möglich ist).

Barrierefreies Reisen

Besucher mit eingeschränkter Mobilität finden in Abu Dhabi verschiedene Situationen vor. Einerseits werden immer mehr **öffentliche Gebäude** erfreulicherweise baulich für Menschen mit Behinderung ausgestattet. Auch der **Flughafen** von Abu Dhabi ist barrierefrei und bietet Menschen mit Handicap Golfcaddys zum Transport an. Ähnlich ist die Lage bei den großen **Luxushotels** und Einkaufszentren neueren Datums.

Ältere Gebäude weisen jedoch oftmals baulich unüberwindbare Hürden auf und öffentliche Verkehrsmittel wie Busse oder Taxen sowie die Minibusse und Geländewagen der Tourveranstalter sind selten barrierefrei.

Um eventuelle Schwierigkeiten von vornherein auszuschließen, sollte man **vor Reiseantritt** seine Fluggesellschaft und auch sein Hotel über die Art seiner Körperbehinderung informieren. Wer die Dienste eines lokalen Tourveranstalters, z. B. für Ausflüge, in Anspruch nehmen möchte, sollte diesen bereits vor Anreise kontaktieren und sein Anliegen erklären. Bei Pauschalreisen sollte sich der Reiseveranstalter darum kümmern.

Großraumtaxis für Rollstuhlfahrer kann man über das Integrated Transport Centre buchen (s. S. 126).

Diplomatische Vertretungen

Für Touristen und im Ausland ansässige Ausländer sind die diplomatischen Auslandsvertretungen in **dringenden Notfällen** wie Verhaftung, schweren Verkehrsunfällen, Vermissten- oder Todesfällen, Gewaltverbrechen, Naturkatastrophen oder Unruhen im Land eine wichtige Anlaufstelle.

- •112 [I3] **German Embassy,** Al Zahiyah, 113 Al Maiyani St., Abu Dhabi Mall, Towers at the Trade Center, West Tower, Tel. 5967700, www.uae.diplo.de
- •113 [dI] **Austrian Embassy,** Al Reem, Sky Tower, Tel. 6944999, www.bmeia.gv.at
- •114 [eo] **Embassy of Switzerland,** Al Rawdah, 11 Al Zumurrud St., im Gebäude des Centro Capital Centre Hotel, Tel. 6274636, www.eda.admin.ch

Ein- und Ausreisebestimmungen

Bei der Ein- und Ausreise erfolgt die **Passkontrolle** vollautomatisch an Smart Gates mit Hilfe des biometrischen Augen- und Gesichtsscans. Man sollte sich vor seiner Reise **stets nach den aktuellen Regelungen erkundigen**, denn Einreisebestimmungen könnten abgeändert werden.

- › **Aktuelle Einreise- und Visa-Informationen** bieten Federal Authority of Identity and Citizenship (https://icp.gov.ae), UAE Ministry of Interior (www.moi.gov.ae) und UAE Ministry of Foreign Affairs & International Cooperation (www.mofaic.gov.ae).
- › Auch beim deutschen **Auswärtigen Amt** (www.auswaertiges-amt.de) bzw. dem österreichischen **Bundesministerium für europäische und internationale Angelegenheiten** (www.bmeia.gv.at) und dem **Eidgenössischen Departement für auswärtige Angelegenheiten** (www.eda.admin.ch) erhält man Einreiseinformationen.

Visum

Touristen aus der Schengen-Zone, also u. a. aus Deutschland, Österreich und der Schweiz, bekommen bei der Einreise am Flughafen direkt und kostenlos ein **Einreisevisum** (engl. *visa on arrival*) in den Reisepass gestempelt, das die einfache oder mehrfache Einreise innerhalb von insgesamt maximal 90 Tagen gestattet und sechs Monate lang gültig ist. Voraussetzung ist, dass man einen regulären Pass vorlegt – nicht etwa einen vorläufigen – und dass dieser zum Einreisezeitpunkt noch sechs Monate lang gültig ist.

Kinder benötigen einen eigenen **Kinderreisepass.** Reisen Kinder nur mit einem Elternteil, ist evtl. eine **Einverständniserklärung** des anderen Elternteils erforderlich. Infos bietet z. B. das Auswärtige Amt (siehe links).

Zoll

Erlaubt ist die **zollfreie Einfuhr** von 400 Zigaretten oder 2000 Gramm Zigarettentabak und einer angemessenen Menge Parfüm.

Nichtmuslimische Erwachsene dürfen vier Liter alkoholische Getränke oder 24 Dosen Bier (je maximal 355 ml) einführen.

Die Einfuhr von religiösem Propagandamaterial, von pornografischen Artikeln (wozu auch Sexspielzeug gehören könnte, daher solches besser zu Hause lassen), von jeglicher Art der Darstellung, die gegen die islamische Religion oder die öffentliche Moral verstößt, von Falschgeld, von Narkotika, Drogen und Waffen ist **untersagt.** Raubkopien und Markenfälschungen jeglicher Art können konfisziert werden.

Reisende müssen sowohl bei der Ein- wie auch bei der Ausreise Bargeld, Edelmetalle, Edelsteine oder marktfähige Finanzmittel offenlegen, wenn deren Wert **60.000 Dh** (bzw. deren Gegenwert in anderen Währungen) übersteigt. Es gibt jedoch keine Beschränkung für die Menge an Bargeld, die man mit sich führen darf.

E-Zigaretten und **Vaporizer** dürfen für den Eigenbedarf mitgenommen werden.

Das aus der Hanfpflanze gewonnene **CBD-Öl** (Cannabidiol-Öl), dem als Arznei vielerlei Heilwirkungen nachgesagt werden, ist in manchen Ländern wie Deutschland legal, jedoch nicht in den V.A.E. – Vorsicht, es kann auch in Lebensmitteln, Hautpflegeprodukten oder E-Zigaretten-Liquid enthalten sein.

› **Federal Customs Authority,** https://uaecustoms.ae, Tel. 6979700

Bei der Einreise könnten Reisende (auch Transitreisende) evtl. auf **Drogen** kontrolliert werden. Auf den Besitz auch nur geringster Mengen (weniger als 0,1 g) stehen mehrjährige Haftstrafen! Selbst der einige Tage zurückliegende Konsum weicher Drogen kann festgestellt und bestraft werden.

Vorsicht ist auch bei der Mitnahme von **Medikamenten** für den persönlichen Gebrauch geboten, da die Einfuhr von einigen Präparaten bzw. deren Inhaltsstoffen an Genehmigungen gebunden oder verboten sein kann. Strenge Regeln gelten für Narkotika, Neuroleptika, Antidepressiva und Psychopharmaka (Genehmigungen per Online- oder App-Beantragung, UAE Ministry of Health & Prevention, Tel. 800 11111, https://mohap.gov.ae). Verbotene bzw. genehmigungspflichtige Medikamente ohne Genehmigung werden bei Einreise beschlagnahmt.

Elektrizität

Die **Stromspannung** in Abu Dhabi beträgt 220 bis 250 Volt bei 50 Hertz. Es treten keinerlei Probleme beim Betrieb von europäischen und japanischen Elektrogeräten auf. Für den Anschluss benötigt man aber **englische, dreipolige Stecker.** Für Schukostecker braucht man einen **Adapter.** In den Hotels ist meist eine Steckdose damit ausgestattet, weitere Adapter erhält man auf Anfrage. Zudem sind sie für wenige Dirham in Supermärkten erhältlich.

⊡ *Dirham-Scheine sind auf Arabisch und Englisch beschriftet*

052ad Abb.: kk

Geldfragen

Währung

Die Landeswährung der Vereinigten Arabischen Emirate ist einheitlich und nennt sich **Dirham** (Dh, im Englischen gebräuchliche Abkürzung: AED = Arab Emirates Dirham). Ein Dirham entspricht 100 Fils. Der Dirham ist frei konvertierbar, sein Wechselkurs ist an den amerikanischen Dollar gekoppelt.

Der **Wechsel von Devisen** ist in den zahlreich vorhandenen Banken oder Wechselstuben sehr einfach. Wechselstuben bieten faire Kurse, schnelle Bearbeitung und lange Öffnungszeiten (meist tgl. 8/9–22/23 Uhr).

Das Netz der **Geldautomaten** (engl. *ATM*) ist dicht. An Banken, in größeren Einkaufszentren und an großen Tankstellen findet sich immer (mindestens) ein Geldautomat.

Vor der Abreise können Dirham in Abu Dhabi unter Inkaufnahme der üblichen Kursabweichungen in Devisen zurückgetauscht werden.

Umrechnungskurs

Beim Abheben von Bargeld an Geldautomaten wird manchmal angeboten, dass die Abrechnung mit dem eigenen Konto in Euro erfolgen kann.

Wechselkurs
(Stand: Herbst 2023)

1 Dh	0,25 €/0,23 SFr
1 €	4 Dh
1 SFr	4,17 Dh

Aktuelle Wechselkurse finden sich z. B. unter www.oanda.com.

Abu Dhabi preiswert

Wie überall ist manches in Abu Dhabi teurer und manches preisgünstiger als zu Hause. Allgemein preiswerter sind Fahrten mit dem **Taxi** oder dem **Bus** (s. S. 126). Auch kostet es vergleichsweise wenig, in einem der vielen kleinen **Restaurants** oder **Imbisse** zu essen – für unter 30 Dh kann man sich satt essen (siehe „Preiswerte und schnelle Imbisse", S. 58). Weit verbreitet ist arabische, indische und pakistanische Kost. Ein abends vielerorts angebotener, mit 10–25 Dh preiswerter **Snack** ist ein „Shawarma"-Sandwich, das aus auf dem Drehspieß gegrilltem Lamm- oder Hühnchenfleisch besteht, welches mit Soße in einem Fladenbrot eingerollt wird. Auch andere Sandwich-Varianten oder Burger kosten nur wenig mehr.

Im Heritage Village (6), in der Shaikh Zayed Grand Mosque (12), im The Founder's Memorial (3), im House of Artisans (9), in der Cultural Foundation (s. S. 52) und im Abrahamic Family House (14) hat man **kostenlosen Eintritt.**

Die Formel-1-Rennbahn Yas Marina Circuit (s. S. 43) lädt an wechselnden Terminen zum Spazierengehen, Joggen oder Radfahren ein. Außerdem bieten etliche Sehenswürdigkeiten wie der Louvre Abu Dhabi (13) samt seinem Children's Museum oder das Falkenkrankenhaus (20) (jüngeren) Kindern freien Eintritt. Der Zugang in städtische Parks (s. S. 71) in Abu Dhabi ist oft frei oder kostet nur wenige Dirham.

Manche Teile des Vorzeigestrands an der Corniche (1) kann man kostenlos nutzen, auch der Hudayriyat Strand (s. S. 73) sowie mehrere Uferpromenaden wie Corniche Beach (s. S. 74), Mamsha Al Saadiyat (s. S. 35), Yas Bay Waterfront (15) und Al Qana (19) sind kostenlos zugänglich.

Kunstinteressierte freuen sich über freien Eintritt in Galerien bzw. Kulturorganisationen, so auch in der Cultural Foundation (s. S. 52) und in Manarat al Saadiyat (s. S. 52).

Gratis Bus fahren können Yas-Besucher mit dem Yas Express (s. S. 40) sowie diejenigen, die Reiseleistungen über die Onlineplattform des Department of Culture and Tourism gebucht haben (s. S. 104).

In den Wintermonaten werden, zumeist am Wochenende, **Kamelrennen** (s. S. 114) abgehalten – Eintritt muss keiner zahlen. Auch etliche **Kulturfestivals** sind gratis, zum Beispiel das Shaikh Zayed Heritage Festival (s. S. 77) und das Maritime Heritage Festival (s. S. 76).

Frauen bekommen an bestimmten Abenden **(Ladies' Night)** in zahlreichen Bars, Lounges und Clubs verbilligte oder freie Getränke. Manche Clubs haben sich emanzipiert und bieten den Herren als entsprechendes Pendant **Gent's Nights** an.

Manche **Zeitschriften** sind in Abu Dhabi kostenlos erhältlich (s. S. 105) und auch online lesbar, entweder über die Verlagswebsites oder über die Plattform www.issuu.com.

Rabatte oder **Sonderkonditionen** zum Beispiel bei Eintrittsgeldern von Sehenswürdigkeiten und Freizeitstätten sowie für Gastronomie, Beauty, Sport etc. bieten (online und/oder als App):

- **Grupon,** www.groupon.ae
- **The Entertainer,** www.theentertainerme.com
- **My Pass UAE,** www.mypassuae.com

Das Verfahren ist als Dynamic Currency Conversion (DCC) bekannt. Doch diese Option kann bis zu 10 % Kursverlust bedeuten, daher ist es ratsam, Abhebungen immer in der Landeswährung abbuchen zu lassen.

Mitunter bieten auch Banken, Hoteliers, Geschäfte, Tankstellen etc. DCC an, jedoch ist diese Option auch hier um ein Vielfaches teurer – jedenfalls für den zahlenden Kunden.

Reisekasse

Was mitnehmen: Plastikkarte oder Bargeld? Zum Bezahlen größerer Beträge (bei Hotels und Mietwagenfirmen, in Boutiquen und Goldläden), zum Shoppen in Einkaufszentren sowie zum Geldabheben an den unzähligen Geldautomaten eignen sich **Kreditkarten** und ggf. auch **Debit-/Girokarten.** Viele Banken sperren die Debit-/Girokarten aus Sicherheitsgründen für den **Einsatz im außereuropäischen Ausland** oder beschränken den Verfügungsrahmen. Außerdem statten einige deutsche Banken ihre Geldkarten mit dem Debitzahlsystem **V PAY** aus, bei der nur der EMV-Chip ausgelesen wird, jedoch nicht der Magnetstreifen. Das hat zur Folge, dass an Bankautomaten außerhalb der EU mit solchen Karten kein Geld gezogen werden kann, da die Chips nicht gelesen werden können. Anders ist dies bei Hybridkarten mit Chip und Magnetstreifen. Wer im Ausland mit seiner Debit-/Girokarte bezahlen oder Bargeld abheben möchte, sollte sich im Vorfeld bei der Ausgabebank erkundigen und die Karte ggf. für das Reiseland freischalten lassen.

⊡ *Trinkwasser-Säule in einem Park*

Die Auslandsgebühren beim Bezahlen in Geschäften oder Hotels beziehungsweise beim Abheben von Bargeld am Automaten sind unterschiedlich, daher sollte sich jeder vor Reiseantritt nach der günstigsten Möglichkeit erkundigen. Für viele dürfte die universelle Einsetzbarkeit einer Debitkarte für das Bezahlen per Apple oder Google Pay ausschlaggebend sein. Viele Mietwagenagenturen akzeptieren zur Hinterlegung der Sicherheitskaution jedoch keine Debitkarten, sondern nur „echte" Kreditkarten.

Einen Teil der Reisekasse kann man als **Bargeld** mitführen.

In den zahllosen *exchange offices* geschieht der Wechsel in emiratische Dirham schnell und unkompliziert – auch bei der Ankunft am Flughafen.

Gesundheitsvorsorge

Wer als gesunder Mensch nach Abu Dhabi reist, braucht keine übermäßige Vorsorge zu treffen. Das Risiko, an verunreinigten Nahrungsmitteln zu erkranken, ist genauso niedrig wie zu Hause.

Im feucht-heißen Klima der südlichen Golfregion wird man besonders in den ersten Tagen viel schwitzen. Wichtig ist es, **viel zu trinken,** mindestens zwei bis zweieinhalb Liter täglich (Mineralwasser, Fruchtsäfte oder Tee). Stilles **Mineralwasser** kann man in allen kleinen und großen Lebensmittelläden abgepackt in Einweg-Plastikflaschen verschiedener Größen kaufen. Auch Sodawasser gibt es. Da die Hygienevorschriften streng sind, ist auch der Genuss des in Restaurants bereitgestellten **Leitungswassers** unbedenklich.

Die mit Abstand häufigste Erkrankung ist eine **Erkältung.** Da nahezu alle Gebäude mit einer Klimaanlage ausgestattet sind, sollte man sich bei einem längeren Innenaufenthalt mit einem Pullover oder einer leichten Jacke vor Unterkühlung schützen. Das Erkältungsrisiko wird dadurch erhöht, dass Temperaturunterschiede zwischen draußen und drinnen bis zu 20 °C betragen können und man verschwitzt die kühlen Innenräume betritt. Am besten nicht unter den direkten Luftstrom einer Klimaanlage setzen oder darunter schlafen.

Einen **Sonnenbrand** sollte man nicht nur vermeiden, weil er schmerzt. Viel folgenreicher sind mögliche Spätschäden wie vorzeitige Hautalterung oder gar Hautkrebs. Vermeiden kann man Sonnenbrand, indem man sich möglichst oft im Schatten aufhält, Sonnencreme mit UV-A-und UV-B-Filter, die fotostabil ist und mindestens Lichtschutzfaktor 15 hat, mehrmals täglich aufträgt und möglichst viel Haut bedeckt hält. Keinesfalls sollte man sich in der Mittagszeit zu lange der Sonne aussetzen, denn bei zusätzlicher körperlicher Anstrengung und beengender Kleidung kann es zum Hitzekollaps kommen. Wenn der unbedeckte Kopf zu viel Sonne abbekommt, kann ein Sonnenstich die Folge sein – also Kopfbedeckung tragen.

Hygiene

Die hygienischen Zustände in Abu Dhabi sind ähnlich wie bei uns. Restaurants müssen sich an Hygieneregeln halten und tun dies meist auch **tadellos.** In einfachen Lokalen oder kleinen Straßenimbissen muss man manchmal Abstriche in Kauf nehmen, obwohl es auch dort relativ sauber ist.

Um die Sauberkeit der Straßen und der **öffentlichen Toiletten** ist es in der Regel gut bestellt, allerdings unterscheiden sich z. B. Toiletten in einfachen pakistanischen, indischen oder arabischen Lokalen sehr deutlich von den Annehmlichkeiten in 5-Sterne-Hotels. Bei erstgenannten handelt es sich meist um **Hocktoiletten**, auf denen Toilettenpapier nicht zur Standardausstattung gehört, weil man üblicherweise die Reinigung nach dem Toilettengang mit der linken Hand und Wasser bevorzugt.

Wer **Müll** achtlos auf die Straße und nicht in die vorgesehenen Abfallbehälter wirft, muss mit hohen Bußgeldern (500 Dh) rechnen.

091ad Abb.: kk

Informationsquellen

Touristeninformation

Das **Department of Culture and Tourism** (DCT) bewahrt und vermarktet das kulturelle und historische Erbe des Emirats und nutzt dessen Attraktivität zum Ausbau eines unverwechselbaren und zukunftsorientierten Reiseziels. Die staatliche Organisation ist für die Entwicklung des Tourismussektors zuständig sowie für die internationale Vermarktung als Weltklassedestination für Besucher und Investoren.

- **www.visitabudhabi.ae,** vielfältige Infos und Serviceangebote online und via Apps, Tel. 6664442 und 800 5353, germany@dctabudhabi.ae.
- **Tipp:** Wer Hotelübernachtungen oder Eintrittskarten für Sehenswürdigkeiten über die Online-Buchungsplattform von Visit Abu Dhabi kauft, kann gratis den vom DCT organisierten Visit-Abu-Dhabi-Shuttlebus-Service nutzen, der wichtige Sehenswürdigkeiten und Hotels auf den Inseln Yas und Saadiyat sowie im Stadtzentrum und am Festland-Übergang im Stundentakt miteinander verbindet (inkl. WLAN).
- Wer die Stadt eigenständig erkunden möchte, kann von DCT konzipierte, App-basierte „VoiceMap GPS Audiotouren" nutzen: Verschiedene Spaziergänge sind mit GPS-gesteuerten Audio-Navigationshinweisen samt ortsgenauen Hintergrundinformationen und Geschichten versehen – gratis, offline verfügbar, auf Englisch.

Die Stadt im Internet

- **www.abudhabimagazine.ae.** Magazin mit vielfältigen Themen, auf Englisch.
- **www.wam.ae.** Aktuellste Nachrichtenmeldungen der Emirates News Agency, auf Englisch und Deutsch.
- **www.visitabudhabi.ae, www.tcaabudhabi.ae.** Touristische Infos der Abu Dhabi Tourism & Culture Authority, auf Deutsch bzw. Englisch.
- **www.tamm.abudhabi.** Dienstleistungsportal der Regierung von Abu Dhabi, auf Englisch.
- **https://pages.dmt.gov.ae/en/onwani.** Online-Addressuche mithilfe von Onwani (s. S. 139), auf Englisch.
- **www.dmt.gov.ae.** Website der Stadtverwaltung Abu Dhabi, auf Englisch.
- **www.askexplorer.com.** Tipps zum Leben, Arbeiten und Entdecken sowie Veranstaltungshinweise, auf Englisch.
- **www.abudhabitalking.com.** News, Lifestyle, Veranstaltungen und Gastronomie, auf Englisch.
- **https://yallaabudhabi.ae.** News, viefältige Informationen und das monatlich erscheinende Yalla-Magazin, auf Englisch.
- **www.abudhabitravelplanner.com.** Blog mit Tipps und News zur Reiseplanung, auf Englisch.
- **www.abu-dhabi.de.** Onlinemagazin, Blog und Reiseführer, auf Deutsch.
- **www.fact-magazine.com.** Online-Magazin, das sich mit den Themen Kunst, Kultur, Lifestyle, Gastronomie, Fashion und Technologie in Abu Dhabi und Dubai beschäftigt, auf Englisch.
- **www.faszination-abu-dhabi.de.** Abu-Dhabi-Urlaubsblog, auf Deutsch.
- **https://geostat.fcsa.gov.ae/gisportal.** Unter „Basemap" findet sich eine sehr detaillierte interaktive Karte der Vereinigten Arabischen Emirate, auf Englisch.
- **https://2gis.ae.** Detaillierter, informativer Stadtplan, auf Englisch.
- **www.ead.ae.** Website der Environment Agency Abu Dhabi, vielfältige Informationen zu Umweltschutzthemen, auf Englisch.
- **www.discover-middleeast.com.** Deutsches Kultur- und Wirtschaftsmagazin.

Publikationen und Medien

Bei **„Discover ME“** („ME“ = „Middle East“) handelt es sich um ein deutschsprachiges Kultur- und Wirtschaftsmagazin, das als ePaper im Internet erhältlich ist (www.discovermiddleeast.com).

In Abu Dhabi sind aber vor allem die englischsprachigen Zeitungen und Zeitschriften für Touristen interessant, sie werden in Supermärkten, an Straßenständen sowie in Buchläden mit englischsprachiger Literatur verkauft.

Die bekanntesten **Tageszeitungen** sind „Gulf News“ (www.gulfnews.com), „The Gulf Today“ (www.gulftoday.ae), „The National“ (www.thenationalnews.com) und „Khaleej Times“ (www.khaleejtimes.com). Alle Zeitungen sind auch als App erhältlich.

Sehr empfehlenswert sind die englischsprachigen Publikationen von **Explorer Publishing** (https://shop.askexplorer.com), die nicht nur in den Emiraten, sondern auch in Deutschland online bestellbar sind.

Das wöchentlich erscheinende **Veranstaltungsmagazin „TimeOut Abu Dhabi“** (www.timeoutabudhabi.com) bietet viele Tipps und Adressen zu Freizeit- und Sportmöglichkeiten sowie Termine von Events, Ausstellungen und Messen.

Ähnliches bietet **„What's on“**, das monatlich erscheint (www.whatson.ae).

„Fact Abu Dhabi“ ist ein Kunst-, Kultur- und Lifestyle-Monatsmagazin (http://fact-magazine.com). Gratis ist die monatlich erscheinende Zeitschrift **„Dining & Nightlife Middle East“**, welche über die gehobene Gastronomieszene und das Nachtleben

Meine Literaturtipps

- **Wilfred Thesiger:** „Die Brunnen der Wüste: Mit Beduinen durch das unbekannte Arabien“. Piper ebooks 2016. 1959 verfasste Erzählung des britischen Forschungsreisenden Thesiger über seine Reisen durch die Emirate und Oman – ein „Muss“ für alle Wüstenfreunde!
- **Lamya Kaddor und Rabeya Müller:** „Der Islam. Für Kinder und Erwachsene.“ Die Grundlagen des Islam für Klein und Groß. Als Audio-CD (cbj audio 2019) oder als Taschenbuch (C.H. Beck Verlag 2023).
- **Hend Al Qassemi:** „The Black Book of Arabia“. Bloomsbury Qatar Foundation 2015 und als Kindle Edition. Kurzgeschichten von Frauen, die in der arabischen Golfregion leben und lieben. Facettenreich, schockierend, lustig, ehrlich, überraschend, inspirierend und vor allen Dingen frei von Klischees oder Sensationslust. Das von Sheikha Hend, einer in den V.A.E. prominenten Angehörigen der Herrscherfamilie von Sharjah, verfasste Buch eröffnet Wahrheiten und Geheimnisse.
- **Verena Falkner:** „Highheels auf Goldenem Sand. Die rasante Entwicklung der Frauen in den Vereinigten Arabischen Emiraten“. Verlagshaus Schlosser 2021 und als Kindle Edition. Ausführliche und vielschichtige Abhandlung zu traditionellen Rollenbildern, zum gesellschaftlichen Wandel und zur heutigen Situation emiratischer Frauen.
- **Dana Albooshi:** „13 Amazing Women of Arabia“. Motivate Media Group 2019. Die Autorin, die das Buch im Alter von 13 Jahren verfasst hat, stellt außergewöhnliche Frauen der Region vor – von Astronautin bis Wissenschaftlerin. Kunstvolle Illustrationen bereichern diese Porträts.

informiert – auch online und als „Dining & Nightlife Discounts App“ samt Discountangeboten (https://diningandnightlife.com).

Diverse Zeitschriften verschiedener Herausgeber kann man **gratis online** lesen unter www.issuu.com. Viele der zuvor genannten Print-Zeitschriften bieten ebenfalls Onlineversionen an.

Apps

Alle genannten Smartphone-Applikationen sind für Android- und iOS-Smartphones geeignet und meist kostenfrei über die App-Stores der entsprechenden Betriebssysteme erhältlich.

- **Abu Dhabi Events:** aktueller Event- und Veranstaltungskalender.
- **UAE Yellow Pages:** Telefonnummern-Branchenbuch.
- **TimeOut Abu Dhabi:** Magazin mit aktuellen Veranstaltungs-, Gastronomie-, Party- und Einkaufstipps.
- **Zomato:** Gastronomiebeschreibungen und -bewertungen, Speisekarten, Essenslieferservice.
- **Emirates 24/7:** V.A.E.-Nachrichten.
- **My Etisalat UAE:** Die emiratische Telefongesellschaft bietet über Kundenbetreuung hinaus zum Beispiel eine WLAN-Hotspot-Suche, Parkplatzcodes, einen Livechat und einen Aufladeservice.
- **Onwani Click:** App zur Suche von Adressen und Örtlichkeiten sowie zur Navigation auf Grundlage des emiratsspezifischen Onwani-Adress-Systems (s. S. 139).
- **Abu Dhabi Taxi:** Taxibuchungen und Bestätigungen.
- **Abu Dhabi Radio:** verschiedene Radiostationen, Zusammenstellung eigener Playlists.
- **Darbi:** App des Integrated Transport Centre (s. S. 126) mit Kartenanwendung für Nutzer des öffentlichen Nahverkehrs, auch Parkgebühren-Zahlung.
- **Darb:** App des Integrated Transport Centre (s. S. 126) zur Zahlung der Mautgebühren.
- **2GIS:** Detaillierte und informative Offline-Karte mit GPS-Navigation.
- **TAMM – Abu Dhabi Government:** Die App ist für Bewohner Abu Dhabis konzipiert, aber es finden sich auch nützliche Funktionen und Informationen für Urlauber, zum Beispiel zu Maut- und Parkplätzen.

Internet

Die meisten **Hotels** bieten Gratis-WLAN-Nutzung auf den Gästezimmern, doch mitunter werden Gebühren erhoben oder es besteht nur im Lobbybereich (kostenfreier) Internetzugang. Diejenigen, die Wert auf Hochgeschwindigkeitszugang und/oder großen Datenmengendownload legen, sollten nachfragen, ob, wie und wo dies im Hotel möglich ist, bzw. ob evtl. ein Daten- oder Geschwindigkeitslimit besteht und ob die Nutzung im Zimmerpreis inklusive ist. In den meisten Gastronomiebetrieben hochpreisiger Hotels bzw. internationaler Hotelketten können Gäste **WLAN** nutzen.

WLAN bieten üblicherweise auch große **Einkaufszentren und Malls,** meist im gesamten Mallgebäude, manchmal nur in Teilbereichen wie Lobby oder Food Court – meistens kostenfrei. In nahezu allen großen Malls und Einkaufszentren finden sich **Cafés,** die für Gäste WLAN bereitstellen. Auch in **Gastronomiebetrieben** großer Hotels, Malls und Einkaufszentren, am **Abu Dhabi International Airport** und in **Taxis** kann man WLAN nutzen.

MEIN TIPP

Mobil surfen

Wer mit seinem Smartphone im Internet surfen möchte, doch dabei hohe Datenroaminggebühren und die Suche nach einem kostenfreiem Internetzugang scheut, der hat folgende Möglichkeiten:

- Das staatliche Telekommunikationsunternehmen **Etisalat** bietet die vertragsfreie, vorbezahlte SIM-Karte „Visitor Line" (verschiedene Pakete mit Datenvolumen, SMS und Gesprächsminuten, ab 49 Dh, 28 Tage Gültigkeit, vielfältige Auflademöglichkeiten). Infos zum Internetzugang, zu Gebühren und Hotspots: Tel. 800 101, aus dem Ausland Tel. 00971 400444101, www.etisalat.ae.
- Auch der Telekommunikationsanbieter **du** bietet Touristen die vertragsfreie, vorbezahlte SIM-Karte „Tourist Plan" (verschiedene Pakete mit Datenvolumen, SMS und Gesprächsminuten, ab 49 Dh, 28 Tage Gültigkeit, vielfältige Auflademöglichkeiten). Infos, Hotspots und Gebühren unter Tel. 800 155, aus dem Ausland Tel. 00971 555678155, www.du.ae.
- Zu kaufen gibt es **SIM-Karten** von Etisalat und du in diversen Einkaufszentren und Malls, in großen Supermärkten, in zahlreichen Shops im Souq und am Flughafen sowie in Etisalat-Geschäftsstellen bzw. du-Läden. Alle SIM-Karten-Guthaben kann man wieder aufladen, entsprechende **recharge cards** verkaufen nahezu alle Supermärkte und Tankstellen. Auflademöglichkeiten per Website, SMS oder App bieten beide Anbieter.
- Rundum App-basiert, ohne Vertragsverpflichtungen und flexibel lässt sich die **Tourist SIM von Virgin Mobile** mit einer Wunsch-Telefonnummer nutzen, ab 150 Dh, ab 7 Tage Gültigkeit. Infos, App: www.virginmobile.ae. Beratung und Verkauf in zahlreichen Malls bzw. Einkaufszentren, am Flughafen und auch in den Virgin Megastores.
- Zur Aktivierung aller genannten Prepaid-SIM-Karten ist ein **Reisepass** vorzulegen.
- Wer mit einem emiratischen Telekommunikationsanbieter online geht, muss damit rechnen, dass manche Websites, Downloads oder Voice over Internet Protocol Services **blockiert** sind.

LGBT+

Abu Dhabi ist kein Reiseziel für diejenigen, die ihre Homosexualität nicht verstecken möchten. Auch wenn Araber sich mitunter – wohlgemerkt nur Herren bzw. nur Damen untereinander – Wangen küssend begrüßen, so hat nichts davon homosexuelle Züge, sondern bekundet lediglich Freundschaften. Alles, was darüber hinaus geht, wird **nicht toleriert**, ist **verboten** und kann im **Gefängnis** enden. Streng durchgegriffen wird zudem in Fällen von öffentlichem Cross-Dressing und Transvestitismus. Auch das Zeigen von Parolen oder Symbolen wie z. B. der Regenbogenflagge als T-Shirt-Aufdruck kann geahndet werden.

Medizinische Versorgung

Abu Dhabi verfügt über ein **gut organisiertes Gesundheitssystem.** Neben staatlichen und privaten Krankenhäusern gibt es private Arztpraxen und sogenannte *clinics*, **Gemeinschaftspraxen** verschiedener Fachärzte in einem Gebäude. In Quartieren, in denen überwiegend ausländische Arbeitnehmende wohnen, gibt es sehr einfache Praxen, deren Besuch nicht anzuraten ist.

Staatliche Krankenhäuser sind für Notfälle ausgestattet. Für Touristen war die Notfallbehandlung dort lange kostenfrei, jedoch werden inzwischen durchaus auch Gebühren erhoben. In **Privatkliniken** muss man Behandlungen oder Untersuchungen direkt bezahlen.

Sehr empfehlenswert ist es, vor Reiseantritt eine **Auslandsreisekrankenversicherung** abzuschließen, denn dann bekommt man die Behandlungskosten erstattet – im Bedarfsfall werden auch die Kosten eines Krankenrücktransports ins Heimatland übernommen.

› **Notfallambulanz:** Tel. 998

115 [G4] **Medeor 24x7 Hospital,** Al Danah, 10 Al Dameedah St., Tel. 800 55, www.medeor.ae. Rund um die Uhr geöffnetes Privatkrankenhaus mit Apotheke, Notfallambulanz, Dentalabteilung, Kinderheilkunde und weiteren Fachrichtungen.

116 [G2] **Mediclinic Al Noor Hospital,** Al Danah, 316 Khalifa bin Zayed The First St., Tel. 800 2000, www.mediclinic.ae. Zentrumsnahes Privatkrankenhaus mit 24-Std.-Notfallambulanz, Dentalabteilung, Kinderheilkunde und weiteren Fachrichtungen.

117 [eo] **Mediclinic Hospital Road,** Al Rawdah, 105 Saif Gobash St., Tel. 800 2000, www.mediclinic.ae. Nahe dem Festlandübergang gelegenes Privatkrankenhaus mit 24-Std.-Notaufnahme, 24-Std.-Apotheke, Dentalabteilung, Kinderheilkunde und weiteren Fachrichtungen.

118 [E5] **Sheikh Khalifa Medical City,** Al Manhal, 145 Al Karamah St., Tel. 8190000, https://skmc.seha.ae. Staatliches Medizinzentrum mit hohem Standard, 24-Std.-Notaufnahme, 24-Std.-Apotheke, Dentalabteilung und Kinderheilkunde.

119 **Sheikh Shakhbout Medical City,** 131 Al Riayah St., Tel. 3144444, https://ssmc.ae. Staatliches Medizinzentrum mit hohem Standard, 24-Std.-Notaufnahme, 24-Std.-Apotheke, Dentalabteilung und Kinderheilkunde.

› **VIP Doctor,** Tel. 800 847362867 oder 6727222, www.vipdoctor247.ae. Privatservice, rund um die Uhr medizinische Dienstleistungen und Behandlungen zu Hause/im Hotel.

› Folgende der oben genannten Krankenhäuser haben eine **Dentalabteilung:** Medeor 24x7 Hospital, Sheikh Khalifa Medical City, Sheikh Shakhbout Medical City, Mediclinic Airport Road, Mediclinic Al Noor Hospital.

Apotheken

Apotheken *(pharmacies)* finden sich viele in Abu Dhabi, meist entlang wichtiger **Geschäftsstraßen** und in nahezu jedem **Einkaufszentrum.** In großen Filialen sind auch medizinisches Zubehör, Babynahrung, Kosmetikprodukte und ähnliche Dinge erhältlich.

In den meisten Fällen haben Apotheken von frühmorgens bis zum Abend geöffnet – manche unterbrochen durch eine Mittagspause. Das Apothekenpersonal spricht meist gut englisch.

In großen Supermärkten finden sich verschreibungsfreie Präparate und Erste-Hilfe-Utensilien.

Folgende der oben genannten Krankenhäuser haben eine rund um die Uhr geöffnete **Notfallapotheke** *(pharmacies on duty):* Sheikh Khalifa Medical City, Medeor 24x7 Hospital, Mediclinic Hospital Road. Große Apothekenketten (mit 24-Std.-Filialen) sind zum Beispiel:

› **Aster Pharmacy,** www.asterpharmacy.ae, Tel. 800 700600
› **Supercare Pharmacy,** www.super-care.ae, Tel. 800 78737

Mit Kindern unterwegs

Abu Dhabi eignet sich gut für einen Familienurlaub, denn die Menschen sind hier ausgesprochen **kinderfreundlich.** Alles, was man braucht, wenn man mit Kindern verreist, kann man vor Ort bekommen, sodass nichts auf Vorrat mitgebracht werden muss.

Vor allem bei Kindern ist selbstverständlich genau auf **Gesundheit und Sonnenschutz** zu achten.

Beim **Autofahren** müssen Kinder unter 10 Jahren auf den Rücksitzen befördert werden – für Kinder bis einschließlich 4 Jahre ist ein zertifizierter Kindersitz verpflichtend.

In **Hotels** kann man sich ein Zusatzbett aufstellen lassen und zahlt meist lediglich einen Aufschlag auf den Doppelzimmerpreis (je nach Kindesalter auch gratis). Kinderpools sind meist vorhanden und einige große Hotels bieten einen pädagogisch betreuten Spielclub. In vielen **Restaurants** können Kleinkinder verbilligt essen, bekommen Geschenke oder ihre Getränke kostenlos aufgefüllt. Meist gibt es Hochstühle. Die weitverbreiteten Fast-Food-Restaurants und Food Courts der Einkaufszentren sind mit einem Spielbereich ausgestattet.

In Abu Dhabi vergnügen sich Kinder gerne in den grellbunten Plastikwelten von klimatisierten **Unterhaltungszentren,** die in Malls und großen Einkaufszentren zu finden sind (s. S. 66). Sogenannte „Edutainment"-Zentren bieten Spiel- und Lernanreize, z. B. Magic Planet (www.magicplanetmena.com) in der Marina Mall (5). Hier können sich Kinder, aber auch Jugendliche und Erwachsene, zudem im Trampolin-Park Bounce austoben (www.bounce.ae).

Die beliebte Spielwelt **Fun City** (www.funcity.ae) gibt es in der Dalma Mall sowie in der Abu Dhabi Mall (s. S. 67). In Letzterer finden Kinder ab 8 Jahren und Jugendliche mit Freude an Escape Games außerdem 26 einfallsreiche und herausfordernde Möglichkeiten im **Prison Island** (www.prisonisland.ae).

Schneeweiß statt kunterbunt geht es in der Reem Mall (17) zu: Den wortwörtlich allercoolsten Spaß der ganzen Stadt samt Schneeballschlacht bietet der dortige Schneepark Snow

125ad Abb.: © Warner Bros. WorldAbu Dhabi

› *Kinder, Comicstars und Superhelden im Freizeitpark Warner Bros. World (s. S. 42)*

055ad Abb.: kk

Abu Dhabi – Winterkleidungsverleih inklusive.

Auf der Insel Al Maryah hält The Galleria (s. S. 68) vielerlei Unterhaltungsmöglichkeiten bereit, z. B. in kunterbunten Kinderspielzentren wie Mirage, Caboodle und Big Toys Bouncy Hill. In der **Xtreme Zone** gibt es Kletterwände, einen Trampolinpark und mehr. Virtual-Reality-Unterhaltungsangebote sind z. B. **National Geographic Ultimate Explorer** für naturwissenschaftlich Interessierte oder die virtuelle Multiplayer-Spielhalle **Zero Latency** für Abenteuerlustige. Jugendliche ab 12 Jahren können hier VR-Spaß der Extraklasse erleben und sich richtig austoben (www.zerolatencyvr.ae). Auch die Spiel- und Sportplätze auf den riesigen Dachterrassen der Galleria Mall sind beliebt.

Yas Mall 16 bietet älteren Kindern in der Adventure Zone Kletterwände, Hindernis- und Geschicklichkeitsparcours, Seilrutschen u. Ä.

Außerhalb von Malls kann man auf **Yas** zwischen mehreren **Freizeitparks** wählen, z. B. Ferrari World, Warner Bros. World Abu Dhabi und Yas Waterworld – alle ermöglichen Kindern verschiedener Altersklassen Spiel und Spaß (zu allen Attraktionen s. S. 42). **SeaWorld Abu Dhabi** (s. S. 42) ist ein Meeres-Themenpark, in dem Kinder viel über das Leben in den Ozeanen lernen können, auch vielerlei Tierbegegnungen sind möglich.

Adrenark Adventure in Al Qana 19 trumpft mit über 20 action- und adrenalingeladenen Aktivitäten wie Hochseilgarten, Kletterwänden, Höhlenerkundung, Rollgleiter-Seilbahn, Bungee-Trampolin und einer mehrgeschossigen E-Kartbahn auf.

Zu kühleren Nachmittags- und Abendstunden kann man auch einen Ausflug in einen **Park** unternehmen, hier gibt es Platz zum Toben und Spielgeräte. Gut geeignet sind die Parks an der Corniche ❶ oder der ebenfalls zentrumsnahe Sheikha Fatima Park in Al Khalidiyah (s. S. 71). Viel Platz, einen Streichelzoo und den Childrens Garden bietet der **Umm al Emarat Park** (s. S. 71). Etwas weiter weg vom Zentrum – aber dafür sehr groß – sind der **Reem Central Park** (s. S. 71) auf der Insel Al Reem und der **Khalifa Park** (s. S. 71) nahe am Festland.

Wer nicht in einem Strandhotel wohnt, kann mit Kindern die öffentlichen **Strände** (s. S. 72) besuchen, in A'l Bahar gibt es einen aufblasbaren Wasser-Spielpark.

› **TimeOut Kids Abu Dhabi** ist ein speziell für Familien konzipiertes Veranstaltungsmagazin (www.timeoutabudhabi.com).
› Die Familienzeitschrift **Yalla** erscheint vierteljährlich (www.yallaabudhabi.ae).

S120 [fo] **Adrenark Adventure,** Al Qana ⓳, https://adrenark.com, Tel. 4186620, Mo.–Mi. 10–22, Do., So. 10–23, Fr., Sa. 10–24 Uhr

Notfälle

In Not geratene Reisende wenden sich z. B. bei Verlust von Reisedokumenten oder bei juristischen Problemen am besten an die **Auslandsvertretung** (s. S. 98) ihres Heimatlandes.

Verletzte eines Verkehrsunfalls werden immer in die Sheikh Khalifa Medical City transportiert (s. S. 108).

◁ *Abu Dhabi bietet Familien vielerlei Freizeitspaß*

Notrufnummern

› **Feuerwehr:** Tel. 997
› **Ambulanz:** Tel. 998
› **Polizei:** Tel. 999
› **Küstenwache:** Tel. 996

Polizei

121 [cn] **Polizeihauptquartier (Police General Headquarters),** Al Nahyan, 617 Shakhbout Bin Sultan St., Tel. 800 3333, 4461461, www.adpolice.gov.ae. Polizeistationen *(police stations)* gibt es in vielen Stadtteilen, z. B. am östlichen Ende der Corniche, Ecke Al Meena St., in Al Khubeirah, Zayed The First St., sowie in Al Danah, Al Falah St. Ecke Fatima Bint Mubarak St.

› **Touristenpolizei** *(tourism police),* Tel. 800 2626, 5127777. Büros dieser speziellen Polizeisektion finden sich z. B. am Louvre Abu Dhabi ⓭, bei Warner Bros. World (s. S. 42), am Corniche-Strand, Gate 3 und 6; auch am Al Bateen Strand (s. S. 72).
› **Verkehrspolizei** *(traffic police),* Tel. 800 4353 und 4196666

Verlust von Bankkarten oder Pässen

Vorsichtshalber sollte man vor der Reise zwei **Kopien** von Kredit- und Debit-/Girokarte, Reisepass, Flugticket und Reiseversicherungspolice anfertigen – eine Kopie lässt man zu Hause und die andere bewahrt man während des Urlaubs getrennt von den Originalen auf (auch Handyfotos können hilfreich sein). So ist die Beschaffung von Ersatz später einfacher.

Auch sollte man seine **Handy-SIM- sowie IMEI-Nummer** (elektronische Zulassungsnummer, erscheint nach Eingabe des Tastencodes Stern-Raute-Null-Sechs-Raute auf dem Display)

plus ggf. Kundennummer oder -kennwort notieren.

Bei **Verlust der Debit-/Giro-, Kredit-** oder **SIM-Karte** gibt es für Kartensperrungen eine **deutsche Zentralnummer** (unbedingt vor der Reise klären, ob die eigene Bank bzw. der jeweilige Mobilfunkanbieter diesem Notrufsystem angeschlossen ist). **Aber Achtung:** Mit der telefonischen Sperrung sind die Bezahlkarten zwar für die Bezahlung/Geldabhebung mit der PIN gesperrt, nicht jedoch für das **Lastschriftverfahren mit Unterschrift.** Man sollte daher auf jeden Fall den Verlust zusätzlich **bei der Polizei zur Anzeige bringen,** um gegebenenfalls auftretende Ansprüche zurückweisen zu können.

In **Österreich** und der **Schweiz** gibt es keine zentrale Sperrnummer, daher sollten sich Besitzer von in diesen Ländern ausgestellten Debit- oder Kreditkarten vor der Abreise bei ihrem Kreditinstitut über den zuständigen Sperrnotruf informieren.

Generell sollte man sich immer die **wichtigsten Daten** wie Kartennummer und Ausstellungsdatum **separat notieren,** da diese unter Umständen abgefragt werden.

> **Deutscher Sperrnotruf:** Tel. +49 116116 oder Tel. +49 3040504050
> **Weitere Infos:** www.kartensicherheit.de, www.sperr-notruf.de

Sollte die gesamte **Reisekasse,** die niemals nur aus Bargeld bestehen sollte, verloren sein, so kann man sich aus dem Heimatland über eine Transferfirma wie z.B. Western Union (www.westernunion.com) oder MoneyGram (www.moneygram.com) schnell Geld senden lassen. Hat man den **Reisepass** verloren, muss man dies polizeilich melden und sich bei den diplomatischen Auslandsvertretungen seines Heimatlandes (s. S. 98) über Ersatzmöglichkeiten bzw. Ausreiseformalitäten erkundigen.

Öffnungszeiten

Die Öffnungszeiten passen sich zum Teil an westliche Gegebenheiten an, zum Teil an muslimische wie auch an emiratisch-fortschrittliche. Zwischen Privat- und Regierungssektor ist mitunter eine Zweiteilung zu beachten: Regierungsstellen, Staatsbetriebe, Ministerien, Verwaltungseinrichtungen, Versorgungsbetriebe, Konsulate und staatliche Schulen haben nach einer Vereinhalbtagewoche freitagnachmittags, samstags und sonntags ein **arbeitsfreies Wochenende.** Privatfirmen können ihre Zeiten frei gestalten, die meisten bieten einen 7-Tage-Service, manche haben einen Tag frei, nur wenige haben die Viereinhalbtagewoche übernommen.

Geschäfte und Restaurants haben oft jeden Tag geöffnet. Zur Zeit des wichtigen Gebets am **Freitagmittag** haben aber viele (nicht alle!) zwischen ca. 11.30 und 16 Uhr geschlossen. Manche öffnen freitags erst am Nachmittag. Im muslimischen Fastenmonat Ramadan gelten andere Öffnungszeiten (s. S. 78).

Kernzeiten

> **Geschäfte (Straße, Souqs):** meist tgl. 9–21 oder 10–22 Uhr, z. T. mit Mittagspause ca. 13–16 Uhr, wenige haben freitagvormittags oder -mittags geschlossen, nur wenige sind samstags und/oder sonntags geschlossen
> **Geschäfte (Malls, Einkaufszentren):** tgl. 10–22 Uhr, nur sehr wenige Läden haben freitagmittags geschlossen oder freitags nur vormittags geöffnet, Super-

märkte und Gastronomiebetriebe in den Malls und Einkaufszentren bieten längere Öffnungszeiten, z. T. bis Mitternacht

- **Supermärkte:** tgl. 9–22 Uhr, z. T. bis Mitternacht oder 24 Stunden geöffnet, kleinere schließen freitags über Mittag
- **Staatliche Firmen, Behörden, Banken, Bundes- oder Stadtverwaltungen, Versorgungsbetriebe** (auch Botschaften und Konsulate): Mo.–Do. 7.30/8–15.30, Fr. 7.30/8–12 Uhr
- **Private Firmen, Banken:** unterschiedliche, firmenbestimmte Arbeitstage mit traditionell muslimisch-arbeitsfreiem Freitag oder staatlich orientiertem freien Samstag und Sonntag; Bürozeiten 9–14 und 16–20 Uhr, z. T. ohne Mittagspause

Post

Emirates Post

✉122 [G4] **Abu Dhabi Central Post Office,** Al Danah, 33 Balurouq St. (Ecke Sultan Bin Zayed The First St., neben dem Madinat Zayed Shopping & Gold Centre), Mo.–Fr. 8–20 Uhr. Zweigstellen z. B. in der Hamdan Bin Mohammed St.; Al Bateen neben der Al Bateen Mall; Al Zahiyah neben dem Le Meridien Hotel; Al Danah neben dem Royal Meridien Hotel; Al Khalidiyah beim Oryx Hotel; Masdar City.

- **Emirates Post,** Callcenter-Tel. 600 599999, www.emiratespost.ae, weitere Postfilialen in diversen Stadtteilen

Radfahren

Wer in Abu Dhabi Fahrrad oder Scooter fahren möchte, muss der **Hitze** trotzen und mit rücksichtslosen Autofahrern rechnen. Zum entspannten oder auch sportlichen Radeln zu kühleren Tages- bzw. Abendzeiten werden immer mehr **Radwege** gebaut.

Zweiradverleih

Fahrräder und **Elektroroller** werden z. B. an der Corniche 1 verliehen, außerdem z. B. in Al Raha, Masdar City, Al Maryah, Al Reem und auf Yas. Alle Fahrräder, Elektrofahrräder und E-Scooter müssen mit einem weißen Scheinwerfer und einem roten Rücklicht ausgestattet sein. Man darf mit beiden nur auf ausgeschilderten Rad- oder Scooterwegen fahren und nachts muss reflektierende Kleidung getragen werden. Fußgänger haben laut Gesetz Vorrang.

- **Byky** verleiht – an personenbesetzten Verleihstationen nach Zahlung der Ausleihgebühren und Hinterlegung des Personalausweises – verschiedene Arten von Fahrrädern, E-Scootern und Spaßrädern. Fahrradverleih ab 20 Dh, Familien-Gokart 70 Dh, Infos: Tel. 04 2384344, www.q8byky.com.

App-basiert können registrierte Kunden **Careem-BIKE-Fahrräder** und **Fenix-E-Scooter** an elektronischen Andockstationen ausleihen:

- **Careem BIKE,** www.careem.com/en-AE/bike, Tel. 044405222, Tagesmitgliedschaften für 20 Dh sind möglich (inkl. 45 Fahrminuten, danach 10 Dh für jede weitere halbe Stunde)
- **Fenix Gulf Scooters,** www.fenix.life, Tel. 044062999, 3 Dh Entriegelungsgebühr plus 1 Dh pro Fahrminute

Sicherheit

Abu Dhabi ist ein **sicheres Urlaubsziel,** die innenpolitische Lage ist stabil. Die Akzeptanz des Herrscherhauses ist sehr groß und ein relativ hoher sozialer Wohlstand ohne hohe Arbeitslosigkeit machen die V.A.E. zu einem der sichersten Länder des Mittleren Ostens.

057ad Abb.: kk

Die Kriminalitätsrate im Land ist niedrig, schwere Kriminaldelikte sind selten und werden hart bestraft. Das sollte jedoch nicht zu Sorglosigkeit führen. Man sollte Wertgegenstände immer im Auge behalten, wertvollen Schmuck nicht zu auffällig tragen, nicht benötigte Wertsachen, Schmuck, Reisepapiere und Bargeld im **Hoteltresor** verschlossen halten bzw. draußen nur im Bauchgürtel oder in Innentaschen mitführen. Wichtig ist es auch, am Pool den **Zimmerschlüssel bzw. die Zimmerkarte** nicht unbeaufsichtigt zu lassen!

› Notrufnummern und Polizei s. S. 111.

› **Aktuelle Reise-Sicherheitshinweise** geben das deutsche Auswärtige Amt (www.auswaertiges-amt.de) bzw. das österreichische Bundesministerium für europäische und internationale Angelegenheiten (www.bmeia.gv.at) und das Eidgenössische Departement für auswärtige Angelegenheiten (www.eda.admin.ch) aus.

Sport

Kamelrennen

Kamelrennen sind bei Einheimischen wie auch bei Touristen sehr beliebt. Sie werden **nur im Winter** abgehalten (ca. Anfang Oktober bis Anfang März).

Ein besonderes Erlebnis ist es, eine **hochrangige Veranstaltung** wie die großen Rennen zum Abschluss einer Saison, zum Nationalfeiertag Anfang Dezember oder zum Ende des Fastenmonats Ramadan zu besuchen. Doch auch wenn gerade kein bedeutsames Rennen stattfindet, lohnt es sich, frühmorgens (Sonnenaufgang bis zum Einsetzen der Vormittagshitze) zur Rennbahn zu fahren, um bei einem **Trainingslauf** zuzusehen (kostenlos).

Tohuwabohu beim Start eines Kamelrennens

S123 **Al Wathba Camel Race Track,** Al Wathba, ca. 50 km außerhalb von Abu-Dhabi-Stadt an der Straße nach Al Ain, Exit 47

Sportvielfalt

S124 [ho] **Al Forsan International Sports Resort,** Khalifa City, 122 Al Fursan St., Tel. 800 9900, www.alforsan.com, So.–Do. 14–23, Fr., Sa. 11–22 Uhr. Tages-Sportresort (ohne Übernachtungsmöglichkeiten) mit Pool, Wasserski-See mit Seilzuganlage, Kartbahn, Paintball, Sportschießen, Reiten, Fitness, Tennis und verschiedenen Plätzen für Ballsportarten – außerdem Restaurants.

S125 [eo] **Zayed Sports City,** Al Rawdah, 78 Saif Gobash St. (zwischen Shaikh Rashid Bin Saeed St. und Al Khaleej al Arabi St.), Tel. 4034200, www.zsc.ae. Austragungsort für Sportveranstaltungen mit diversen Sportstätten, u. a. für Laufen, Eislaufen, Eishockey, Baseball, Bowling, Tennis, Fitness, Softball, Rugby und Boxen.

Sprache

Die offizielle Landessprache ist **Arabisch.** Englisch ist gängige Geschäftssprache, die unter den Emiratern und den Zugezogenen weit verbreitet ist. Internetseiten, Verkehrs- oder Hinweisschilder sind meist zweisprachig. Die meisten Bewohner Abu Dhabis beherrschen **Englisch** zum Alltagsgebrauch, wenn auch zum Teil mit einer ungewohnten Betonung und einigen fremden Vokabeln. Aber auch wer nicht perfekt ist, verfügt zumindest über einen Grundwortschatz.

Deutsch wird selten, z. B. an Rezeptionen großer Hotels oder von Reiseleitern, gesprochen. Oft zu hören sind auch Hindi (Indisch), Urdu (Pakistanisch) und Farsi (Persisch).

KURZ & KNAPP

Bedeutungsvoll

Insha'allah

„So Gott will", Redewendung mit verschiedenen Bedeutungsnuancen, die allen Bemerkungen über Ereignisse in der Zukunft angefügt wird.

Ahlan wa sahlan

Traditioneller Willkommensgruß, heißt wörtlich „Angehörige und leicht" und meint „als Angehörige (und nicht als Fremde) seid ihr gekommen und leicht sollt ihr es haben".

Stadttouren

Hop-on-Hop-off-Bustouren

Extra für Touristen fahren oben offene **Big-Bus-Doppeldeckerbusse** täglich auf zwei Routen mit zahlreichen Zwischenstopps an Hauptsehenswürdigkeiten. An diesen Stationen kann man ein- oder aussteigen, so oft man will, oder die Strecken ohne Ausstieg als Stadtrundfahrt nutzen.

Fahrscheine sind ein oder zwei Tage gültig. Deutsche Erläuterungen gibt es vom Tonband, die Busse bieten WLAN.

Tickets sind online oder vor Ort erhältlich, z. B. an Verkaufs- und Infoständen an der Marina Mall 5, der Abu Dhabi Mall (s. S. 67) oder an jeder Haltestelle beim Busfahrer. Ein guter Startpunkt für beide Routen ist die Abu Dhabi Mall, die auch als Umsteigepunkt dient.

Infos über Routen, Abfahrzeiten, Sehenswürdigkeiten etc. gibt es online, via App oder auf Faltplänen.

› **The Big Bus Company,** Tel. 800 244287, www.bigbustours.com, Online-Ticketpreise: Tagesticket Erwachsene 70,90 €, 2-Tagesticket ab 79,90 €

058ad Abb.: © Big Bus Tours

Tourveranstalter

Die folgenden in Abu Dhabi ansässigen **Tourveranstalter** bieten konventionelle Stadtrundfahrten (ca. 200–300 Dh) durch Abu Dhabi an. Organisiert werden zudem Dhau Cruises, Freizeitpark-Ausflüge, Einkaufs- und Kulturtouren, Hubschrauberrundflüge, Jagdfalkenvorführungen, Jachttörns und Schnellbootfahrten. Natürlich gibt es auch Wüstensafaris und Ausflüge nach Al Ain oder in die anderen Emirate. Zudem übernehmen die Tourveranstalter Serviceleistungen wie Hotelzimmer- oder Mietwagenbuchung. Man kann sowohl vor Reiseantritt als auch spontan vor Ort buchen.

- •126 [hn] **Desert Adventures Tourism,** Al Raha, im Al Raha Beach Hotel, Tel. 5566155, www.desertadventures.com
- •127 [G4] **Desert Rose Tourism,** Al Danah, 4 Al Hudoua St., Al Falah Tower, Tel. 4466346, www.desertrosetourism.com
- •128 [D3] **Orient Tours,** Al Khalidiyah, 504 Zayed The First St., gegenüber dem Sheraton Khalidiyah Hotel, Tel. 6675609, www.orient-tours-uae.com

Abu Dhabi mit dem Linienbus entdecken

Die **Erkundung Abu Dhabis** mit öffentlichen Bussen ist dank Klimaanlage angenehm kühl und außerdem unschlagbar preiswert, jedoch gibt es keine Linie, die besonders viele Sehenswürdigkeiten anfährt. Touristen müssen daher verschiedene Busrouten kombinieren. Linie 094 verbindet zumindest die Top-Sehenswürdigkeiten Shaikh Zayed Moschee ⓬ und Louvre Abu Dhabi ⓭ miteinander.

Im Folgenden werden einige **Vorschläge** gegeben. Alle genannten Linien fahren in **beide Richtungen** und dies tagsüber zwischen ca. 7 und 21 Uhr im 10- bis 30-Minuten-Takt.

Jede Teilstrecke der City-Busse kostet zwischen Ein- und Ausstieg 2 Dh, bei Suburb-Buslinien kommen 5 Fils je Kilometer dazu. Abgerechnet wird bargeldlos per Hafilat-Karte (s. S. 127).

Sightseeing mit dem Big Bus (s. S. 115)

Da Busfahren **vergleichsweise preiswert** ist, kann man nach Belieben die Fahrt unterbrechen, um sich etwas anzusehen (detaillierte Informationen s. S. 127).

City-Erkundung

Vom **Bus Stop Marina Mall** (s. S. 128) an der Marina Mall 5 auf der Wellenbrecherhalbinsel fahren Stadtbusse zu diversen Zielen in der Innenstadt ab, z. B.:

- **Linie 005,** Al Zahiyah: Der Bus fährt durch Al Khalidiyah (Zayed The First St.), Al Danah und Al Zahiyah (Hamdan Bin Mohammed St.) nach Al Zahiyah. Ausstieg z. B. Corniche St. Nation Towers, WTC Souq 8, Qasr Al Hosn 9 oder Abu Dhabi Mall (s. S. 67).
- **Linie 009,** Zayed Port: Der Bus fährt über die King Abdullah bin Abdulaziz Al Saud St. durch Al Bateen, dann entlang der Al Falah St. durch Al Khalidiayh und Al Danah über die Hamdan bin Mohammed St. durch Al Zahiyah, dann zum Hafenviertel Zayed Port zum Kreuzfahrtschiffterminal. Ausstieg z. B. am Emirates Palace Mandarin Oriental Hotel (s. S. 19), am Qasr Al Watan 2 oder am Vegetable Market (s. S. 68).
- **Linie 034,** Abu Dhabi Courts: Der Bus fährt zum Al Ras al Akhdar, dann ein kurzes Stück entlang der Corniche 1, anschließend entlang der Zayed The First St. durch Al Khalidiyah und später entlang der Sultan Bin Zayed The First St. eine weite Strecke über die Hauptinsel. Ausstieg möglich am Emirates Palace Mandarin Oriental Hotel (s. S. 19), am Qasr Al Watan 2, am Qasr Al Hosn 9, am Madinat Zayed Shopping Centre & Gold Centre (s. S. 67) und an der Abu Dhabi Central Bus Station (s. S. 128).
- **Linie 063,** Al Reem Mall: Der Bus fährt ein längeres Stück entlang der Corniche 1, dann durch Al Danah auf die Insel Al Reem zur Reem Mall 17. Ausstieg z. B. an den Nation Towers, an der Corniche mit ihren verschiedenen Strandbereichen und Parks, am WTC Souq 8 oder am Capital Park (s. S. 71).
- **Linie 065,** Al Reem Island: Der Bus fährt durch Al Khalidiyah (Zayed The First St.), Al Danah und Al Zahiyah (Hamdan Bin Mohammed St.) über die Insel Al Maryah. Ausstieg z. B. Corniche St. Nation Towers, WTC Souq 8 oder Qasr Al Hosn 9.
- **Linie 069,** Al Maryah Island: Der Bus fährt über die King Abdullah bin Abdulaziz Al Saud St. durch Al Bateen, dann entlang der Al Falah St. durch Al Khalidiayh und Al Danah auf die Insel Al Maryah zum Einkaufszentrum The Galleria (s. S. 68). Ausstieg z. B. am Emirates Palace Mandarin Oriental Hotel (s. S. 19) und dem Qasr Al Watan 2 möglich.

MEIN TIPP

Emiratische Erlebnisse

Das Department of Culture and Tourism (s. S. 104) organisiert interessante – englischsprachige – Ausflüge speziell zum Kennenlernen der emiratischen Kultur. Als Besonderheit sind es immer Emiratis (!), die als Gastgeber oder Guides fungieren. So kann man beispielsweise die Stadt bei Tag oder Nacht erkunden, emiratische Hausmannskost probieren, Jagdfalken oder Windhunde kennenlernen oder einen Ausflug auf eine Ranch unternehmen.

- Infos und Buchungen unter www.visitabudhabi.ae

Großraum-Bustour

Wer mit dem Bus die komplette Hauptinsel Abu Dhabi durchfahren möchte, hat zum Beispiel folgende Möglichkeiten:

- **Linie 022:** ab Marina Mall 5 durch Al Khalidiyah entlang der Zayed The First St., vorbei an der Cultural Foundation (s. S. 52) über Shaikh Rashid Bin Saeed St., Mushrif Mall (s. S. 68), Zayed Sports City (s. S. 115), Musaffah-Bücke, Radban Interchange, The Souq at Qaryat Al Beri 18 am Al-Maqta'-Kanal. Ca. 80 Min.

- **Linie 094:** ab Mamsha al Saadiyat (s. S. 35) über Louvre Abu Dhabi 13 über die Autobahn E12 auf die Hauptinsel, über die Hamdan Bin Mohammed St. durch Al Zahiyah, dann über die Sultan Bin Zayed The First St. vorbei am Madinat Zayed Shopping Centre & Gold Centre (s. S. 67), der Abu Dhabi Central Bus Station (s. S. 128), der Zayed Sports City (s. S. 115) durch Al Rawdah zum Südeingang der Shaikh Zayed Grand Mosque 12 und weiter zur Gedenkstätte Wahat al Karama. Ca. 70 Min.
- **Linie 120:** ab Kai Beach (s. S. 75) auf der Insel Saadiyat über die Hotels Park Hyatt und Rotana via E12 Autobahn auf die Hauptinsel über die Hamdan Bin Mohammed St. durch Al Zahiyah, dann über die Sultan Bin Zayed The First St. zum Madinat Zayed Shopping Centre & Gold Centre (s. S. 67), der Abu Dhabi Central Bus Station (s. S. 128) durch Al Rawdah. Ohne Stops geht es über die E8 entlang der östlichen Corniche, über die Mussaffah-Brücke zum Radban Interchange (s. S. 128) in den Vorort-Stadtteil Mohammed bin Zayed City. Ca. 60 Min.
- **Linie 121:** startet ab dem Jumeirah at Saadiyat Island Resort (s. S. 123) zum Saadiyat Beach Club und hat danach den gleichen Routenverlauf wie die Linie 120 (siehe oben). Ca. 80 Min.

Bootstouren

Abu Dhabis Skyline ist insbesondere bei abendlicher Beleuchtung vom Wasser aus ein Highlight. Zur Dinner-Cruise kann man gemütlich im traditionellen **Dhau-Holzboot** am Ufer der Corniche 1 entlangschippern (s. S. 58), aber auch Yas-Island-Sightseeing-Rundfahrten per Dhau sind möglich (s. S. 40).

Fahrten mit kleinen, traditionellen **Abra-Holzbooten** sind beispielsweise möglich im Kanal von Al Qana 19 sowie im The Souk at Qaryat Al Beri 18 samt den benachbarten Hotelresorts (Detailinformationen s. S. 46).

- **Öffentlichen Personentransport zu Wasser** bietet Abu Dhabi Maritime, z. B. zwischen Yas und dem Festlandvorort Al Raha.
- Sportlich aktiv und naturbewusst kann man **in einem Kajak Mangrovenwälder erkunden** – Kajak-Verleih und geführte Touren sind möglich: Beliebt sind Fahrten im Schutzgebiet gegenüber der Eastern Mangroves Promenade 11 (detaillierte Informationen s. S. 32). Auch im Al Jubail Mangrove Park (s. S. 72) und an der Mangrovenküste der Insel Al Reem ab dem Reem Central Park (s. S. 71) um den Louvre Abu Dhabi 13 herum kann man Kajak fahren – letztgenanntes mangrovenfrei.
- •129 [A4] **Sea Safari,** Abfahrt ab Al Bateen Marina, Al Bateen, Tel. 6416751, www.seasafari.ae. Sonnenuntergangs-Cruise (Mo.–Fr. 17 Uhr, 2 Std., 250 Dh), Corniche-Cruise (Mo.–Fr. 17 Uhr, 2 Std., 300 Dh), Inselhopping (tgl. 9 Uhr, 4 Std., 350 Dh), individuelle Bootstouren, Angelausflüge und Jachtcharter.
- **The Yellow Boats,** Abfahrt von der Marina des Emirates Palace Mandarin Oriental Hotel (s. S. 19) und Yas Bay Waterfront 15, Tel. 800 892, www.theyellowboats.com. Mit gelben Schnellbooten werden verschiedene Sightseeing-Rundfahrten angeboten, z. B. Corniche-Tour (60 Minuten, 199 Dh), Yas Island Tour (75 Minuten, 199 Dh) oder Yas Island Experience (45 Minuten, 149 Dh). Auch individueller Charter.

Rundflüge

Abu Dhabi von oben genießen kann man beispielsweise mit:

› **Abu Dhabi Helicopter Tour**, Tel. 055 6789982, http://abudhabihelicoptertour.com. Individuell buchbare Hubschrauberrundflüge vom Helipad neben der Marina Mall 5.

Telefonieren

Festnetz

Das Telefon- sowie Internetnetz der staatlichen und marktführenden **Telekommunikationsgesellschaft Etisalat** (ein Unternehmenszweig der Technologie- und Investitionsgruppe e&) ist hervorragend ausgebaut. Etisalat-Zentralen sind stets unverkennbar von einem riesigen „Golfball" gekrönt.

› **Kundenservice Etisalat**, Tel. 101 (Etisalat-Anschluss) bzw. 800 101 (kein Etisalat-Anschluss, gebührenfrei); aus dem Ausland Tel. 00971 400444101, www.etisalat.ae

Mobiltelefon

Die meisten heimischen Anbieter haben einen Roaming-Vertrag mit einem der emiratischen Provider, man muss bei der Nutzung seines Geräts in Abu Dhabi mit **Roaming-Kosten** rechnen. Man sollte auch die **passiven Kosten**, wenn man von zu Hause aus angerufen wird, nicht vergessen. Tipp: Gegebenenfalls die Rufumleitung zur Mailbox deaktivieren. Die Einwahl ins **Internet** über das Mobiltelefon ist meist kostspielig.

Wer ein SIM-lock-freies Mobiltelefon – oder ein Dual-SIM-Modell – besitzt, kann sich in Abu Dhabi eine **Prepaid-SIM-Karte** kaufen und damit direkt das Netz der Vereinigten Arabischen Emirate nutzen. Allerdings bekommt man dabei eine emiratische Telefonnummer zugewiesen. So kann man auch mobilen Internetzugang mit verschiedenen Datenmengen und Kosten nutzen (Infos zu Anbieter, Rahmenbedingungen und Kaufmöglichkeiten s. S. 107). Zu beachten ist, dass viele Sonder-Servicenummern (zu erkennen an deren Vorwahlen 800 oder 600) mit manchen Prepaid-SIM-Karten nicht anwählbar sind.

Mit der SIM-Karte eines lokalen Netzanbieters sind **Voice-over-Internet-Protocol-Anrufe (VoIP)**, also auch WhatsApp-Anrufe, nicht möglich. Wer jedoch seine heimische SIM-Karte nutzt, kann davon ausgehen, dass WhatsApp-Anrufe funktionieren – allerdings nur in Länder, in denen der Dienst verfügbar ist (d. h. man kann keine emiratischen Telefonummern anrufen).

Vorwahlen

› **Landesvorwahlen:** 00971 (V.A.E.), 0049 (Deutschland), 0043 (Österreich), 0041 (Schweiz)
› **Ortsvorwahl:** 02 (Abu Dhabi),
› Emiratische **Mobilfunknummern:** 05X (X je nach Anbieter)

Uhrzeit

Die gesamten Vereinigten Arabischen Emirate sind der mitteleuropäischen Zeit voraus, und zwar während der **Winterzeit um drei Stunden** und während der **Sommerzeit um zwei Stunden.**

Unterkunft

Buchung und Preise

Insgesamt gibt es in Abu Dhabi **über 230 Hotels, Resorts und Hotelapartmenthäuser.** Die **Hotelpreise** differieren zwischen Direktbuchung und Reiseveranstalter-Buchung sowie zwischen Hauptsaison (1. Okt.–30. Apr.) und Nebensaison (1. Mai–30. Sept., bis zu 40% preiswerter).

Bei einer Preisanfrage sollte man sich erkundigen, ob die üblichen Nebenkosten wie 4% Tourismusgebühr *(tourism fee)* und 4% Gemeindesteuer *(municipality fee)* schon inklusive sind.

Wer dem Servicepersonal (Gepäckträger, Reinigungskraft, Concierge, Parkwächter, Autowäscher etc.) zum Dank **Trinkgeld** geben möchte, sollte 5–10 Dh persönlich überreichen, denn von all den Hotel-Zusatzgebühren erhalten die Angestellten meist nichts.

Das Department of Culture and Tourism Abu Dhabi (s. S. 104) bietet unter www.visitabudhabi.ae einen Onlineüberblick über 4- und 5-Sterne-Hotels und -Resorts, auch auf Deutsch.

Auffällig ist, dass es in Abu Dhabi kaum **einfache Hotels** mit zwei Sternen oder nur einem Stern gibt und dass diese verhältnismäßig kostspielig sind. Für fast denselben Preis kann man auch in einem Mittelklassehotel einchecken. **Apartments** sind eine gute und zumeist preislich faire Alternative. Hostels gibt es keine.

Mittelklassehotels liegen meist in der Innenstadt oder als Business-Hotels im Bereich des Abu Dhabi National Exhibition Centre. Auf Yas, am Yas Drive, haben sich diverse 3- und 4-Sterne-Urlaubshotels angesiedelt.

Luxushotels sind vornehmlich entlang der Corniche sowie auf Saadiyat zu finden. Viele sind als Resort mit Strand und Sport- und Freizeitangeboten konzipiert. Abu Dhabi hat für Hotels der höchsten Luxusklasse ein eigenes Klassifizierungssystem eingeführt und bezeichnet Häuser mit Limousinenservice, Hubschrauberlandeplatz, riesigen Gästezimmern und einer hohen Anzahl von Hotelangestellten als 5-Sterne-Plus-Hotels.

Vollendeten Luxus bietet das Emirates Palace Mandarin Oriental (s. S. 19)

144ad Abb.: © Department of Culture and Tourism Abu Dhabi

Unterkunftstipps

Mittlere und untere Preisklasse

130 [H2] **Al Ain Palace Hotel** €€, Al Danah, 6 Al Bild St., Tel. 5996000, www.alainpalacehotel.com. **Nahe der Corniche:** 4-Sterne-Hotel mit Pool, Squashplatz, Restaurants und Bars.

131 [I3] **Al Diar Dana Hotel** €, Al Zahiyah, 112 Al Zahiyah St., Ecke Zayed The First St., Tel. 6456000, www.aldiarhotels.com. **Gutes Preis-Leistungs-Verhältnis:** zentral gelegenes 2-Sterne-Hotel mit komfortablen Zimmern, Restaurants, Bar und Kneipe.

132 [cm] **Al Diar Sawa Hotel Apartments** €€, Al Nahyan, 5 Al Marwu St., Tel. 4147777, www.aldiarhotels.com. **Komfortabel und kostengünstig:** Apartments und Studios mit Küche oder Küchenzeile, Pool, Cafés.

133 [G3] **Al Maha Arjaan** €€, Al Danah, 302 Saeed Bin Ahmed Al Otaiba St., Tel. 6106666, www.rotana.com. **Hoher Komfort zu niedrigem Preis:** im Zentrum gelegene, geräumige Apartments mit einem bis drei Schlafzimmern sowie Studios und luxuriöse Suiten, zudem Pool und Speisecafé.

134 [I3] **Al Manzel Hotel Apartments** €€, Al Zahiyah, 64 Hazzeez St. (Rückseite der Zayed The First St.), www.almanzel-hotelapartments.com, Tel. 6448000. **Gut ausgestattet und gemütlich:** 216 Apartment-Suiten verschiedener Größe mit Küchenzeile, Pool, Restaurant, Café.

135 [do] **Aloft Abu Dhabi** €€-€€€, Al Rawdah, 55 Al Muatamarat St., im Abu Dhabi National Exhibition Centre, Tel. 6545000, www.aloftabudhabi.com. **Hippes Lifestyle- und Businesshotel:** 4-Sterne-Hotel im Südosten der Hauptinsel mit modernem Konzept, farbenfroher, schicker Einrichtung und Dachpool.

136 [cm] **Centro Al Manhal** €, Al Nahyan, 619 Shaikh Rashid Bin Saeed St., Tel. 8115000, www.rotana.com. **Kostengünstiges Budgethotel:** modern-funktionales 3-Sterne-Hotel südöstlich der City nahe der Al Wahda Mall, mit Pool, Restaurant, Bar, Deli.

137 [eo] **Centro Capital Centre** €€, Al Rawdah, 11 Al Zumurrud St., Tel. 4096666, www.rotana.com. **Stilvolles Lifestyle- und Businesshotel:** 3-Sterne-Budgethotel mit junger, frischer Einrichtung im Südosten der Hauptinsel am Messe- und Ausstellungszentrum, mit Dachpool, Restaurant, Deli, Bar.

138 [im] **Centro Yas Island** €€€, Yas, 251 Yas Drive, Tel. 6564444, www.rotana.com. **Strandzugang inklusive:** modern-funktionales 3-Sterne-Budgethotel auf Yas mit Pool, Tennisplatz, Restaurant, Bar, Deli und Strandzugang.

139 **Emirates Park Zoo and Resort** €€€, Al Bahyah, 14 Al Tawasul St., Tel. 5069000, www.emiratesparkzooandresort.com. **Frühstück mit Giraffe:** auf dem Festland Richtung Dubai gelegenes, familienfreundliches 3-Sterne-Resort im Fortstil mit Privatzoo, Gästezimmern, Familienchalets, Familiensuiten, Pool, Kinderspielräumen und Streichelgehege, Restaurants, Café. Interessant für Familien und diejenigen, die neben Abu Dhabi auch Dubai erkunden möchten.

140 [gp] **Ibis Abu Dhabi Gate** €€, Al Maqta', 222 Al Maqta' St., am Al-Qana-Kanal, www.accorhotels.com, Tel. 5090999. **Vor den Toren der Stadt:** auf dem Festland gelegenes, kostengünstiges 3-Sterne-Budgethotel mit Hotelzimmern und Apartments. Restaurant, Café, Pool.

141 [G3] **Novel Hotel City Center** €€, Al Danah, 518 Hamdan Bin Mohammed St., www.danathotels.com, Tel. 6333555. **Zentral und kostengünstig:** im Geschäftsviertel gelegenes 4-Sterne-Hotel mit 207 Zimmern, Pool, Bistro, Club und Kneipe.

142 [eo] **Premier Inn Abu Dhabi Capital Centre** €, Saadah, 3 Al Muntada St.,

Preiskategorien

Die Preiskategorien beziehen sich auf eine Nacht im Standard-Doppelzimmer ohne Frühstück oder sonstige Extraleistungen in der Hauptsaison. Es handelt sich um Durchschnittsangaben bei Online-Buchungen direkt bei den Hotels. Hotelsterne basieren auf Angaben des Department of Culture and Tourism Abu Dhabi (s. S. 104) und auf hoteleigenen Angaben.

€	140–250 Dh (ca. 35–63 €)
€€	ca. 250–370 Dh (ca. 63–93 €)
€€€	ca. 370–500 Dh (ca. 93–126 €)
€€€€	ca. 500–700 Dh (ca. 126–177 €)
€€€€€	ab 700 Dh (ab ca. 177 €)

beim Abu Dhabi National Exhibition Centre, Tel. 8131999, https://mena.premierinn.com. **Erschwinglich und funktional:** im Südosten der Hauptinsel bei den Messehallen gelegenes 3-Sterne-Budgethotel mit 242 Zimmern, Pool, Restaurant, Lounge.

143 [F4] **Top Stars Hotel** €, Al Danah, 10 Zayd Bin Khalid Al Jahni St., Tel. 6140900, www.topstarshotel.com. **Preisgünstig im Zentrum:** nahe am Madinat Zayed Shopping Centre & Gold Centre (s. S. 67) gelegenes 1-Stern-Hotel mit 80 günstigen Doppelzimmern und Coffee Shop.

Obere Preisklasse und Resorts

144 [dn] **Anantara Eastern Mangroves Abu Dhabi Hotel** €€€€, Eastern Mangroves Promenade, 1637 Shaikh Zayed Bin Sultan St., www.anantara.com, Tel. 6561000. **Zwischen Stadt und Mangrovenwald:** an einem Meeresarm vor dem Mangroven-Naturschutzgebiet Al Qurm gelegenes, elegantes 5-Sterne-Hotel am Stadtrand mit breitem Freizeit- und Wellnessangebot. Luxuriöses Ambiente durch eine Kombination aus natürlichen Elementen mit orientalischen Einflüssen. Die Eastern Mangroves Promenade 11 ermöglicht Spaziergänge, Bootsausflüge und Kajakfahrten am Meeresarm, jedoch keine Bademöglichkeit im Meer – dafür gibt es einen Infinity-Pool mit Mangrovenblick. Das Hotel ist Teil einer Luxus-Lifestyleanlage mit Wohn-, Shopping-, Gastronomie- und Jachthafenkomplex. Sa. 15–24 Uhr Samui Pool Party auf dem Pool-Deck.

145 [A3] **Conrad Abu Dhabi Etihad Towers** €€€€€, Al Ras al Akhdar, 184 King Abdullah Bin Abdulaziz al Saud St., Tel. 8115555, www.hilton.com. **Glasverspiegelter Himmelsstürmer:** 5-Sterne-Hochhaushotel als Teil des markanten Quintetts der Etihad Towers mit 377 Gästezimmern/Suiten sowie Luxusapartments. Fantastische Rundumaussicht, hoher Servicestandard, 12 Restaurants und Bars, Spa, Garten- und Poollandschaft sowie hoteleigener Strandabschnitt.

› **Emirates Palace Mandarin Oriental Hotel.** Fünf-Sterne-Plus-Luxus im exklusivsten Hotel des Landes (s. S. 19).

146 [eo] **Erth Abu Dhabi Hotel** €€€€€, Al Muzoun, 46 Al Nada St., Tel. 4415900, https://erth.ae. **Einzigartiger Erholungskomplex:** am Übergang zum Festland am Al Maqta' Kanal gelegene, geräumige Hotelanlage in besonderer Bauart mit emiratisch inspirierten Designelementen. Es gibt 237 Gästezimmer, 42 Suiten und 13 Villen, dazu zwei Pools, Strand, Garten, Wassersport, Tennis, Squash, Fußball, Bowling, Wellness, Theater und Retro-Souq.

147 [fo] **Fairmont Bab Al Bahr** €€€€, Al Maqta', 26 Al Khor St., Tel. 6543333, www.fairmont.com. **Auf dem Festland**

gelegenes Strandhotel am Meeresarm: Modern ausgestattetes 5-Sterne-Hotel mit 367 Gästezimmern und Suiten, hoteleigenem Badestrand, Pool und vielfältigem Gastronomieangebot. Das familienfreundliche Hotel steht am Kanal Khor al Maqta' nahe am The Souq at Qaryat Al Beri 18 – im Blick hat man die majestätisch anmutende Shaikh Zayed Grand Mosque 12.

148 [A3] **InterContinental Abu Dhabi** €€€€, Al Bateen, 9, 15 Zayed The First St., www.ihg.com, Tel. 6666888. **Luxuriöses Allround-Hotel:** Dieses 5-Sterne-Hotel bietet citynahe Erholung mit hoteleigenem Privatstrand, Wassersportangebot und Jachthafen, Pool, Wellnessbereich, Tennisplätzen und sechs Gastronomiebetrieben.

149 [ek] **Jumeirah at Saadiyat Island Resort** €€€€€, Al Tilal St., Saadiyat, www.jumeirah.com, Tel. 8114444. **Umweltbewusstes Engagement:** Im Sommerhausstil designtes Luxusresort am Saadiyat-Strand, 293 Gästezimmer bzw. Suiten und acht Villen, alle bieten Panorama-Meerblick, sieben Gastrono-

MEIN TIPP

Glamping – Camping mit Glamour

Auf der Freizeitinsel **Al Hudayriyat** (s. S. 36) gibt es einen originell gestalteten, familienfreundlichen, großflächigen, **nachhaltig agierenden Campingbereich mit eigenem Strand.** Man kann in komfortablen bis luxuriösen Unterkünften nächtigen, z. B. in fest installierten Zelten verschiedener Größe, in historischen Campingfahrzeugen bzw. -anhängern oder in möblierten Cabanas mit eigenem Pool (200–1200 Dh), z. T. mit Klimaanlage, Kochzeile und Badezimmer. Außerdem Restaurant, Lagerfeuerstelle, Außenkino, Strand- und Wassersportmöglichkeiten sowie Grill- und Picknickplätze.

150 [ao] **Bab Al Nojoum Hudayriyat** €-€€€, Tel. 6910222, www.babalnojoum.com

Die beleuchtete Fassade des W Abu Dhabi – Yas Island (s. S. 124)

miebetriebe, Spa und marokkanisches Hammam, Tennisplätze, Kinder- und Teenager-Club.

151 [dk] **Rixos Premium Saadiyat Island** €€€€, 93 Shati Al Saadiyat St., Saadiyat, Tel. 4922222, www.rixos.com. **Alles inklusive, alles exklusiv:** Elegantes Strandresort im mediterranen Design mit 378 Zimmern und Suiten sowie Gästevillen auf Saadiyat mit breitem Sport- und Wassersportangebot, Spa, Wellness, Aktivitäten, Shows, Konzerten, Kinderclub.

152 [H2] **Sheraton Abu Dhabi Hotel & Resort** €€€, Al Zahiyah, 117 Shaikh Zayed Bin Sultan St./Ecke Corniche St., www.marriott.com, Tel. 6773333. **Mit eigener Badelagune im Palmengarten:** im Nordosten der Uferstraße Corniche 1 gelegenes 5-Sterne-Resort mit 279 Zimmern – mit einem privaten Balkon –, palmenbestandenen Gartenpools, Spa und Fitness.

153 [fo] **The Ritz-Carlton Abu Dhabi, Grand Canal** €€€€€, Al Rawdah, 156 Al Majd St., Tel. 8188888, www.ritzcarlton.com. **Orientalischer Luxus trifft italienischen Stil:** im Südosten der Hauptinsel, zwischen Maqta'-Kanal und Shaikh Zayed Grand Mosque gelegenes, familienfreundliches 5-Sterne-Strandhotel im venezianischen Renaissancestil mit 447 Zimmern, acht Gastronomiebetrieben, Spa und hoteleigener Badebucht. Um das Hotel liegt ein parkähnlicher Garten mit Wasserspielen, großem Swimmingpool und 85 Gästevillen.

154 [dk] **The St. Regis Saadiyat Island Resort** €€€€€, Saadiyat, 41 Shati Al Saadiyat St., Tel. 4988000, www.stregissaadiyatisland.com. **Am naturgeschützten Sandstrand:** familienfreundliches 5-Sterne-Resort auf der Insel Saadiyat mit Spa, Tennisplätzen, drei Außenpools und einem Innenpool, Wassersportangebot, Kinderclub sowie Einkaufs- und Gastronomiebereich The Collection. Klassische Raffinesse und moderner Luxus vereinen sich mit hochwertigen Naturmaterialien im mediterranen Stil.

155 [im] **W Abu Dhabi – Yas Island** €€€€, Yas, 210 Yas Drive, www.marriott.com, Tel. 6560000. **Außergewöhnliche Architektur:** inmitten der Formel-1-Rennbahn bzw. am Jachthafen gelegenes, kinder- und haustierfreundliches, modern designtes 5-Sterne-Hotel mit 499 Zimmern und Suiten, sechs Restaurants und Bars. Avantgardistisch wirkt das aus Stahl- und Glaskacheln geschwungene, freitragende Dach, das abends in wechselnden Farben auffällig illuminiert wird. Dachterrasse mit zwei Swimmingpools, Spa- und Wellnessbereich.

156 **Zaya Nurai Island** €€€€€, Nurai Island (15 Minuten Bootstransfer ab Zaya Nurai Island Welcome Centre auf Saadiyat, Saadiyat Beach Residences), Tel. 5066222, www.zayanuraiisland.com. **Luxus-Barfuß-Insel:** einsam und idyllisch gelegenes 5-Sterne-Boutique-Inselresort mit 32 Strandvillen, jede mit eigenem Pool und großem Außenbereich. Zudem gibt es sechs Gastronomiebetriebe, Spa, nicht-motorisierten Wassersport, Kinderclub.

Verhaltenstipps

Trotz aller Modernität ist Abu Dhabi ein arabisch geprägtes und **muslimisches Land.** Religion, Kultur, Gebräuche und Mentalität der Emirater (und die vieler anderer Einwohner) weichen von europäischen Maßstäben ab. Zudem gelten andere Gesetzgebungen, die auch von Reisenden zu achten sind.

Trumpf ist eine der Landeskultur angepasste **Reisegarderobe.** Für beide Geschlechter gilt gleichermaßen: Wer in der Öffentlichkeit dezente, schulternbedeckende, mindestens knielange, undurchsichtige, weite

061ad Abb.: kk

⌂ *Benimmregeln für den Besuch einer Moschee*

Kleidungsstücke trägt, ist gut beraten. Tätowierungen mit Schimpfwörtern, Nacktbildern oder gotteslästerlichen Bildern sollten bedeckt bleiben. Religiöse, politische, sexistische oder beleidigende Aufdrucke oder Slogans – z. B. auf T-Shirts – sind absolut unangebracht.

In Bars und Nachtclubs darf natürlich mehr Haut gezeigt werden. **Badebekleidung** ist nur an Pools und Stränden erlaubt. Absolut tabu ist Nacktbaden bzw. -sonnen und Frauen dürfen sich nicht oben ohne zeigen.

Nicht nur „sexy" Bekleidung, auch der **Austausch von Zärtlichkeiten in der Öffentlichkeit** – dazu gehört alles, was über einen Begrüßungskuss auf die Wange hinausgeht – können Anstoß erregen oder sogar eine Haftstrafe bzw. die Ausweisung nach sich ziehen. Daher sollte man sich im öffentlichen Raum eher sittsam verhalten.

Geld- oder Haftstrafen drohen bei **respektlosem Verhalten** gegenüber der Regierung, den Herrscherfamilien, dem Staatssystem samt seiner Symbole und dem Islam. Bei Gesprächen über **Politik und Religion** ist Kritik fehl am Platze und Zurückhaltung geboten. In Deutschland unbedenkliche Äußerungen zu Religionsfragen könnten in den V.A.E. als Beleidigung des Islam oder des Propheten angesehen und strafrechtlich verfolgt werden, Geld- und Freiheitsstrafen könnten die Folge sein.

Das **Beleidigen, Bloßstellen oder Verleumden** von Personen stellt ebenfalls eine Straftat dar, die mit einer Geldbuße oder Haftstrafe geahndet werden kann. Dies gilt auch, wenn die Verleumdung oder Beleidigung gegenüber dem Opfer ohne die Anwesenheit eines Dritten geschieht oder wenn die Beleidigung dem Opfer per Brief oder per WhatsApp zugesandt bzw. in anderen Medien online gestellt wird.

Landesweit und auch für Touristen gültig ist ein strenges **„Cybercrime Law"**, nach der informationstechnische Veröffentlichungen, also Posts, Tweets, Reels etc. religiöser, politischer, pornografischer oder unmoralischer Art, mit hohen Geld- oder Haftstrafen geahndet werden können (Geldstrafe ab 250.000 Dh und/oder eine Freiheitsstrafe von mindestens einem Jahr). Gleichfalls davon betroffen sind Fotos/Videos wie auch Texte mit Kritiken, Beleidigungen oder Unwahrheiten über andere Personen,

Firmen oder Institutionen, die ohne deren Einverständnis online gestellt wurden und als Verletzung ihrer Persönlichkeitsrechte bzw. Privatsphäre verstanden werden.

Auch wenn die Nutzung nicht illegal ist, so steht die missbräuchliche Nutzung von **VPN-Software** *(virtual private network)* unter Strafe (verboten ist die VPN-Nutzung z. B. zur Verbreitung von Hass und religions- oder staatsfeindlichen Inhalten, zum Aufruf zu illegalen Protesten, für betrügerische Zwecke und Verbrechen und zum Zugriff auf pornografische Internetseiten).

Strikt vermieden werden sollte das **Fotografieren** bzw. Filmen von Herrscherpalästen (mit Ausnahme des touristisch zugänglichen Qasr Al Watan 2), Militäranlagen, staatlichen Gebäuden (alle erkennbar an Staatswappen bzw. -flagge), Industrieanlagen und Verkehrseinrichtungen (auch Flughafen, Flugzeuge). Auch das **Fotografieren/Filmen von Menschen** ohne deren Einverständnis sowie von Verkehrsunfällen durch Unbeteiligte ist verboten – das gilt gleichermaßen für das Speichern, Verbreiten oder Veröffentlichen solcher Fotos/Videos. Selbst wenn ungefragt abgelichtete Menschen ein Teil von öffentlichen Alltags- und Straßenszenen sind, könnte dies strafbar sein – besondere Achtsamkeit gilt an Stränden!

Alkoholgenuss sowie Trunkenheit in der Öffentlichkeit stellen einen Straftatbestand dar. Alkoholika sollten nur in lizenzierten Hotels, Restaurants, Bars oder Privathäusern konsumiert werden. Beim Autofahren gilt eine strenge Null-Promille-Grenze! **Drogendelikte** – auch mit Kleinstmengen – können schwere strafrechtliche Folgen nach sich ziehen, auch die Todesstrafe wird verhängt!

Verkehrsmittel

Abu Dhabis Integrated Transport Centre (ITC) ist verantwortlich für die Bereiche Verkehrs- und Straßenservice, Taxis und den öffentlichen Personentransport in Form von Bussen, Fähren sowie den Autoverkehr inklusive Parkgebühren und Maut. Deren Onlineservices bzw. Apps (**Darb** für Straßenmaut, **Darbi** für öffentlichen Personentransport und Parkgebühren, **Abu Dhabi Taxi** zum Taxifahren) bieten einen guten Kundenservice.

Geplant ist der Bau der Hochgeschwindigkeits-Magnetröhrenbahn Hyperloop nach Dubai (www.hyperlooptt.com) sowie einer Metro in Abu Dhabi Stadt.

- **Integrated Transport Centre ITC**, https://itc.gov.ae, Tel. 800 850
- **Darbi** ist sowohl eine App (s. S. 106) als auch ein Online-Service (https://darbi.itc.gov.ae) mit interaktiver Karte und vielerlei Funktionen zum Personentransport, zum Beispiel Busrouten, -haltestellen und -fahrplänen, Live-Verkehr sowie Taxibuchung.

Taxis

Taxis – in altbewährter Form mit Fahrer – sind für Touristen die **praktischste** und gängigste Art, um voranzukommen. Alle Fahrzeuge haben einen Taxameter und auch wenn es verschiedene **Taxigesellschaften** gibt, so haben sie einheitliche Fahrpreise und man kann sie über das Integrated Transport Centre buchen. Für Rollstuhlfahrer stehen spezielle Wagen bereit. Frauen können auf Wunsch ein von einer Fahrerin gefahrenes „Ladies Taxi" bestellen.

Die **Grundgebühr** für ein an der Straße herangewunkenes Taxi oder eins, das an Taxiständen wartet, beträgt tagsüber (6–22 Uhr) 4 Dh und nachts 5 Dh.

Jeder gefahrene Kilometer kostet tagsüber 1,82 Dh. Die Minimumfahrgebühr beträgt 12 Dh. 5 Minuten Wartezeit sind frei, jede weitere Minute kostet 0,50 Dh. Eine Flughafenfahrt kostet 20 Dh Grundgebühr plus obige Kilometer- und Buchungsgebühren. Die meisten Fahrten im Innenstadtbereich kosten 40–70 Dh, für die Strecke vom Flughafen zur Corniche zahlt man beispielsweise ca. 140–170 Dh. Fahrgäste können Gratis-WLAN nutzen.

Taxifahrten sind beim Fahrer bar oder über die Abu Dhabi Taxi App mit Kreditkarte zu bezahlen.

- **Buchungen** mit den ITC-Apps Abu Dhabi Taxi oder Darbi (zu beiden s. S. 106), auf der Darbi Website (https://darbi.itc.gov.ae) oder telefonisch beim ITC Taxi Service (Tel. 600 535353).
- Fahrten in fahrerlosen **Elektro- oder Hybridtaxis** werden von Txai angeboten und können via Txai-App gebucht werden (Infos: https://txai.taxi).

Weitere Fahrdienste

- **Careem bzw. Uber:** Online- bzw. App-basierte Fahrdienstvermittler bzw. Mitfahrdienste, Registrierung erforderlich, Bezahlung über die App, www.careem.com bzw. www.uber.com

Busse

Das öffentliche **Busnetz** in Abu-Dhabi-Stadt ist mit einer stets wachsenden Zahl an Routen und eingesetzten Bussen gut organisiert. Die meisten Linien verkehren wochentags von frühmorgens (etwa ab 6–7 Uhr) bis spätabends (22–23 Uhr), freitags fahren weniger Busse. Frauen dürfen im vorderen Busteil unter sich sein, können sich aber auch in den hinteren Bereich setzen. In den Bussen und in den klimatisierten Wartehäuschen der Bushaltestellen gibt es Gratis-WLAN. Essen, Trinken, Rauchen, das Hinterlassen von Müll und der Transport von Alkoholika ist in Bussen verboten.

Der Fahrpreis für Abu Dhabis Stadtbusse wird bargeldlos mit **Hafilat-Karten** abgerechnet. Der Karten-

Fernbusse starten an der Abu Dhabi Central Bus Station (s. S. 128)

064ad Abb.: kk

preis beträgt 10 Dh, die Karte gilt 5 Jahre. Dazu kaufen muss man Fahrpreis-Guthaben: 30 Dh für 7 Tage oder 80 Dh für 30 Tage. Die Karten und die aufladbaren Guthaben erhält man an Verkaufsstellen an der Abu Dhabi Central Bus Station sowie an Hafilat-Automaten (z. B. an der Abu Dhabi Central Bus Station, in LuLu-Supermärkten, am Flughafen, an Bushaltestellen sowie an weiteren Standorten, abrufbar per Darbi-App, s. S. 106) oder über den Darbi-Onlineservice (s. S. 126). Man kann das Hafilat-Guthaben auch mit Darbi aufladen.

Das **Beförderungsentgelt** wird pro gefahrenen Kilometern abgerechnet:

Fahrten mit den ITC-City-Buslinien (engl. *city busses*, viele Linien beginnen mit der Nummer 0) kosten 2 Dh. Fahrten in Vorort-Regionen (engl. *suburb busses*, viele Buslinien beginnen mit den Nummern 1, 2, 3, 4; auch Flughafen-Busse) kosten 2 Dh plus 0,05 Dh pro Kilometer. Fahrten in andere Städte (engl. *intercity busses*, Buslinien beginnen mit X) kosten 10 Dh plus 0,10 Dh pro Kilometer.

Wichtig: Die Hafilat-Karte ist beim Ein- und Aussteigen an ein Lesegerät im Bus zu halten!

Das Busterminal für viele Stadtbuslinien sowie für **Fernbusse** liegt auf der Hauptinsel im Stadtteil Al Wahda. Ab hier starten Intercity-Busse des Abu Dhabi ITC in andere Orte des Emirats (Preisbeispiel: nach Al Ain 25 Dh, nach Liwa 30 Dh). Man kann auch mit dem Schnellbus nach Dubai und Sharjah fahren (25 bzw. 30 Dh), jedoch sind dafür andere Verkehrsbetriebe verantwortlich.

- •157 [G5] **Abu Dhabi Central Bus Station,** Al Nahyan, 620 Sultan Bin Zayed The First St., Ecke Hazaa Bin Zayed The First St. neben der Al Wahda Mall, Tel. 4431500 und 4071617

Knotenpunkte im Stadtzentrum:

- •158 [I4] **Bus Stop Al Zahiyah,** Al Zahiyah, schräg gegenüber der Abu Dhabi Mall
- •159 [B1] **Bus Stop Marina Mall,** Breakwater, neben dem Haupteingang der Marina Mall 5

Eine wichtige Umstiegsstation und Start- bzw. Endpunkt von Hauptinsel-Expressbuslinien ist der **Rabdan Interchange** am Übergang vom Festland zur Hauptinsel:

- •160 [fo] **Rabdan Interchange,** Al Maqta', Al Khaleej al Arabi St. (E20) östlich der Al-Musaffah-Brücke
- › **Tipp:** Bus-Routenplanung, Bushaltestellensuche, Fahrpläne und Live-Bus-Informationen bietet Darbi per App (s. S. 106) und Onlineservice (s. S. 126).

Zusätzlich zum öffentlichen ITC-Bustransport kann man wie folgt vorankommen:

- › Der **Visit Abu Dhabi Shuttle Bus Service** bietet Gratis-Busfahrten für diejenigen, die über das staatliche Tourismusportal www.visitabudhabi.ae gebucht haben.
- › Der **Yas Express** bietet Hotelgästen auf der Insel Yas Gratis-Shuttle-Busfahrten.
- › **Stadtbesichtigungen per Bus** (s. S. 116).

Wassertransport

Per **Wassertaxi** kann man verschiedene Uferareale und Inseln erreichen: Yas Bay Waterfront 15, Yas Marina (s. S. 40) und Al Bandar werden Mo.–Fr. 17–22 Uhr, Sa. und So. 11–22.30 Uhr im Stundentakt miteinander verbunden (10 Dh pro Teilstück, 30–40 Min. Fahrzeit); zwischen Marsa Mina (s. S. 25) und

Louvre Abu Dhabi ⓭ fahren Di.–So. 9.30–17.30 Uhr stündlich Boote (15 Dh, 15 Min. Fahrzeit).

› **Abu Dhabi Maritime,** Tel. 800 102030, www.admaritime.ae

Wetter und Reisezeit

Sonnenschein und blauen Himmel gibt es in Abu Dhabi nahezu das ganze Jahr über. **Regen** fällt selten, meist nur wenige Tage pro Jahr in den Wintermonaten. Die Monate von Oktober bis April werden zum Winter gezählt, dann herrschen Tagestemperaturen zwischen 25 und 35 °C.

In **Küstennähe** – also in Abu-Dhabi-Stadt – sorgt oftmals eine frische Meeresbrise für Kühlung, die **Luftfeuchtigkeit** bewegt sich zwischen 30 und 40 Prozent. Der von Mai bis September dauernde Sommer bietet Höchsttemperaturen von 35 bis 45 °C, zudem wirkt die hohe Luftfeuchtigkeit quälend. An der Küste kann sie Werte von über 80 Prozent erreichen!

Wetterdetails und -vorhersagen kann man auf der Website **www.ncm.ae** (UAE National Centre of Meterology) nachlesen.

Die **beste Reisezeit** fällt auf die Monate Oktober bis Mai, am angenehmsten ist es von November bis März mit Temperaturen zwischen 23 und 33 °C. Wer im Sommer nach Abu Dhabi reisen möchte, bekommt dafür als Bonbon in vielen Hotels deutlich günstigere Zimmerpreise.

Im **wüstenhaften Landesinneren** sind die Tagestemperaturen zwar höher als an der Küste, doch da die Luftfeuchtigkeit niedriger ist, wird die-

Phänomene, ohne die man gut klarkommen würde

Hitze bei Luftfeuchtigkeit: Abu Dhabi ist nicht nur ein heißes Fleckchen, nein, die hohe Luftfeuchtigkeit kann sensiblen Naturen den Rest geben. Kein Wunder, dass „zu Fuß gehen" out ist. Viele hier lebende Asiaten schützen sich mit einem Schirm vor der Sonne. Ein cooler Tipp für alle, die dennoch einen Fußmarsch beginnen und dann kurz vor einem Hitzeschock stehen: Buswartehäuschen bieten Schatten, Klimakühlung und Sitzbänke – zum Pausieren vor dem Weitergehen oder beim Warten, um doch auf den Bus umzusteigen.

Aircondition mit Eisgebläse: Schön ist, dass es überall Klimaanlagen gibt, nicht so schön dagegen, dass sie oft rund um die Uhr laufen und mitunter arktische Temperaturen ausströmen. Wenn man verschwitzt in seinem kühlschrankgleichen Hotelzimmer ankommt, wo das nette Servicepersonal die Klimaanlage voll aufgedreht hat, oder wenn man während einer Busfahrt schockgefrostet wird, dann ist das nicht nur nervig, sondern auch gesundheitsschädlich. Tipp: Besser immer was zum Überziehen mitnehmen.

062ad Abb.: kk

› Ein Sandsturm kann die Urlaubsstimmung trüben

Mein Tipp

Im Sommer nach Abu Dhabi?

Wegen der **hohen Temperaturen** und der **hohen Luftfeuchtigkeit** wirkt es nicht allzu einladend, während der heißen Sommermonate nach Abu Dhabi zu reisen.

Es gibt während dieser Jahreszeit durchaus Einschränkungen: So sind lange Stadtspaziergänge, genüssliches Sonnenbaden, anstrengende Sport- oder Outdooraktivitäten und Wüstenausflüge kaum ausführbar. Nur wenige Ereignisse finden draußen statt, Strandclubs, Außenterrassen von Gastronomiebetrieben, Parks, Vergnügungsparks etc. sind mitunter geschlossen. Insbesondere Familien mit jüngeren Kindern sowie ältere oder gesundheitlich angeschlagene Reisende sollten den Sommer als Urlaubszeit meiden.

Doch wer einen stabilen Kreislauf besitzt und sich tagsüber nicht allzuviel im Freien aufhält, wird feststellen, dass der Sommer auch Vorzüge mit sich bringt (und immerhin sind alle Innenräume sowie Autos und Busse gekühlt):

- In der Nebensaison (Mai bis Oktober) **senken zahlreiche Hotels ihre Preise.** Tipp: Nach „Summer Packages" fragen (inklusive Mahlzeiten, Sport- und Ausflugsangeboten usw.).
- Auch viele lokale **Tourveranstalter** bieten attraktive **Nebensaisonpreise.**
- Bei **Mietwagenagenturen** hat man als einer der „seltenen" Kunden einen breiten Verhandlungsspielraum.

Anregungen für den „hot summer in the city":

- Eine **mittägliche Siesta** entspricht dem Tagesrhythmus der Einheimischen und hilft, Energie für die langen Abendstunden zu tanken.
- Alle Aktivitäten, die draußen stattfinden, sollte man auf die sehr **frühen Morgen- und späten Nachmittagsstunden** legen.
- Alle Aktivitäten, die in **geschlossenen Räumen** (klimatisiert) stattfinden, können auf die Mittagszeit gelegt werden. **Schlittschuhlaufen, Wassersport** oder **Wasserparkbesuch** sind ebenfalls ideal zur Mittagszeit.
- Man kann an den Veranstaltungen der **Abu Dhabi Summer Season** (s. S. 77) teilnehmen – auch in den riesigen Messehallen (mit Klimaanlage) finden Events statt.

ses Klima als angenehmer empfunden. Auch kühlt es nachts stärker ab.

Trostpflaster für Hitzeempfindliche: Nahezu alle **Innenräume sind klimatisiert** und da Freizeitaktivitäten erst zur kühleren Abendstunde stattfinden, gibt es lange Öffnungszeiten.

Durchschnitt	Wetter in Abu Dhabi											
	Jan	Febr	März	Apr	Mai	Juni	Juli	Aug	Sept	Okt	Nov	Dez
Maximale Temperatur	25°	27°	29°	33°	38°	40°	42°	42°	40°	36°	31°	26°
Minimale Temperatur	16°	17°	20°	21°	24°	27°	30°	31°	29°	22°	20°	18°
Regentage	1	1	2	1	0	0	0	0	0	0	0	1
Wassertemperatur	22°	21°	23°	25°	27°	30°	31°	32°	32°	30°	27°	25°

ANHANG

114ad Abb.: kk

Höflichkeiten auf Arabisch

Auch wenn man sich in den V.A.E. mit beinahe jedermann auf Englisch unterhalten kann, so wird es einem doch sehr hoch angerechnet, wenn man wenigstens einige arabische Redewendungen kennt. Insbesondere bieten sich hierfür natürlich die Begrüßungsfloskeln an.

Die hier aufgeführten **„Sie"-Formen** unterscheiden sich nicht von der jeweiligen „Du"-Form.

Doppelt geschriebene Vokale **aa** werden betonter (länger) gesprochen, als kurze (fast schon unausgesprochenen) Vokale.

Stimmabsätze sind mit mit dem Zeichen ʻ dargestellt.

Die folgenden Floskeln sollte man **schnell sprechen:**

- **Friede sei mit Euch (Guten Tag):** as salaam ʻalaikum
  Antwort: Und Friede sei mit Euch: wa ʻalaikum as salaam
- **Guten Morgen:** sabaah al khair
  Antwort: sabaah an nuur (Einen Morgen des Lichtes)
- **Guten Abend:** msaa al khair
  Antwort: msaa an nûr (Einen Abend des Lichtes)
- **Hallo:** marhabaa
- **Willkommen:** ʻahlan wa sahlan
  Antwort: ʻahlan wa sahlan
- **Wie gehts?:** kayf al haal?
  Antwort: al hamdulillah (Gott sei's gelobt) oder kwayis (Gut)
  Dann stets **Gegenfrage** anschließen: Wie geht es Ihnen?: kayf al haal ʻanta (zu einem Mann)/kayf al haal ʻanti (zu einer Frau)?
- **Wie heißen Sie?:** maa ʻismak (zu einem Mann)/maa ʻismik (zu einer Frau)?
  Antwort: Ich heiße ...: ʻismii ...
- **Woher kommen Sie?:** Min ayna ʻanta (zu einem Mann)/Min ayna ʻanti (zu einer Frau)?
  Antwort: aus Deutschland: Min ʻalmaaniyaa/aus der Schweiz: Min swisraa/aus Österreich: Min an nimsaa
- **Sprechen Sie Englisch/Arabisch?:** tachii ʻingliisii/'arabii?
  Antwort: Ein bisschen: shwayya/Ich spreche kein Arabisch: maa ʻatakallam ʻarabii.
- **Bitte (von jemandem erbitten):** Min fadlak (zu einem Mann)/Min fadliki (zu einer Frau)
  Antwort: Danke: shukran
  Gegenantwort: Keine Ursache: ʻafwan
- **Bitte (jemandem etwas anbieten):** tafadaal (zu einem Mann)/tafadaalii (zu einer Frau)
  Antwort: Danke: shukran
- **Wenn Sie erlauben:** lau samaht
  Antwort: Bitte: tafadaal (zu einem Mann)/tafadaalii (zu einer Frau)
- **Entschuldigung, es tut mir leid:** ʻanaa ʻaasif (als Mann)/'anaa ʻaasifa (als Frau)
  Antwort: Keine Ursache: ʻafwan
- **Hoffentlich, wahrscheinlich, so Gott will, wenn nichts dazwischen kommt:** ʻinsha'allah
- **Darf ich fotografieren?:** mumkin suura (Möglich Foto)?
- **Auf Wiedersehen!:** ma'a salaama (Mit dem Frieden)

In den Arkadenbögen der Shaikh Zayed Grand Mosque 12 sind edelste Materialien verarbeitet

+++ Die wichtigsten Wörter mit dem Bonus-Audiotrack des Kauderwelsch-

Arabische Zahlen

Arabische Zahlen werden (im Gegensatz zu Buchstaben) von links nach rechts geschrieben.

1/one/wâhid	١
2/two/ithnain	٢
3/three/thalâtha	٣
4/four/arba'a	٤
5/five/khamsa	٥
6/six/sitta	٦
7/seven/sab'a	٧
8/eight/thamânya	٨
9/nine/tis'a	٩
10/ten/'ashara	١٠
20/twenty/'ishrîn	٢٠
30/thirty/thalâthîn	٣٠
40/fourty/arbaîn	٤٠
100/one hundred/miya	١٠٠
200/two hundred/mîtain	٢٠٠
300/three hundred/thalâtha miya	٣٠٠
400/four hundred/arba'a miya	٤٠٠
1000/one thousand/alf	١٠٠٠
2000/two thousand/alfain	٢٠٠٠
3000/three thousand/thalâthat alâf	٣٠٠٠

146ad Abb.: kk

Register

Impressum

Kirstin Kabasci

CityTrip Abu Dhabi

5., neu bearbeitete und aktualisierte Auflage 2024

ISBN 978-3-8317-3776-5

Printed in Germany

Druck und Bindung:
mediaprint solutions GmbH, Paderborn

Herausgeber: Klaus Werner
Layout: amundo media GmbH (Umschlag, Inhalt), Peter Rump (Umschlag)
Lektorat: amundo media GmbH
Karten: Ingenieurbüro K. Wendler, amundo media GmbH
Anzeigenvertrieb: KV Kommunalverlag GmbH & Co. KG, Alte Landstraße 23, 85521 Ottobrunn, Tel. 089 928096-0, info@kommunal-verlag.de
Kontakt: Osnabrücker Str. 79, 33649 Bielefeld, info@reise-know-how.de

Alle Angaben in diesem Buch sind gewissenhaft geprüft. Preise, Öffnungszeiten usw. können sich jedoch schnell ändern. Für eventuelle Fehler übernehmen Verlag wie Autorin keine Haftung.

Bildnachweis

Umschlagvorderseite: © Patryk Kosmider, stock.adobe.com |
Umschlagrückseite und Umschlagklappe rechts: Kirstin Kabasci
Soweit ihre Namen nicht vollständig am Bild vermerkt sind, stehen die Kürzel an den Abbildungen für die folgenden Fotografen, Firmen und Einrichtungen. Kirstin Kabasci: kk

Hinweise zur Benutzung

Abkürzungen

- UAE – United Arab Emirates
- V.A.E. – Vereinigte Arabische Emirate
- Dh – Dirham, Landeswährung der V.A.E.

Sonstige Hinweise

- **Eintrittspreise** etc. beziehen sich meist auf Erwachsene, Kinder bekommen oft Ermäßigungen.
- Abu Dhabi hat in den letzten Jahren das Geo-Adress- und Navigations-System **Onwani,** was übersetzt „Meine Adresse" heißt, etabliert. Modernste Technologien, Satellitennavigation sowie Einbindungen von Apps, QR-Codes und elektronischen Karten modernisieren und strukturieren die Orientierung (nutzbar online unter https://pages.dmt.gov.ae/en/onwani oder mit der App OnwaniClick).
- **Ortsangaben** beinhalten das Stadtviertel, den Straßennamen und ggf. Hausnummer und/oder bekannte Gebäude in der Nähe. Hausnummern von erst neu erbauten Gebäuden oder solchen in Neubauvierteln fehlen eventuell, da die Onwani-Einbindung mitunter dauert. Die Nutzung von Hausnummern zur Adressangabe hat sich im Alltagsgebrauch noch nicht etabliert.
- Alle emiratischen **Festnetztelefonnummern** sind so gelistet, dass man sie aus Abu-Dhabi-Stadt/Festnetz direkt wählen kann, d. h. ohne die Ortsvorwahl 02. Handynummern sind mit Vorwahl verzeichnet (z. B. 050, 055, 056), ebenso Sondernummern (z. B. 800 oder 600).
- Sofern keine Tage angegeben sind, haben Geschäfte, Restaurants usw. täglich **geöffnet.** An **Feiertagen** (s. S. 77 u. S. 78) und während des Fastenmonats **Ramadan** gelten besondere Öffnungszeiten.

Straßenschilder sind zweisprachig samt Straßennamen, Hausnummern und Stadtteil

096ad Abb.: kk

Liste der Karteneinträge

126ad Abb.: kk

Street-Art in Al Raha

Hier nicht aufgeführte Nummern liegen außerhalb der abgebildeten Karten. Ihre Lage kann aber wie die von allen Ortsmarken im Buch mithilfe der Web-App angezeigt werden (siehe rechts).

Zeichenerklärung

❶	Sehenswürdigkeit
[F2]	Verweis auf Planquadrat im Kartenmaterial
	Arzt, Apotheke, Krankenhaus
	Bar, Bistro, Club, Treffpunkt
	Kneipe, Biergarten
	Café
	Fischrestaurant
	Galerie
	Geschäft, Kaufhaus, Markt
	Hafen, Anlegestelle
	Hotel, Resort, Unterkunft
	Imbiss
	Moschee
	Musikszene
	Post
	Polizei
	Restaurant
★	Sehenswürdigkeit
●	Sonstiges
	Sporteinrichtung
	Theater
	Vegetarisches Restaurant
	Weinlokal, Weinbar
	Zeltplatz, Camping
	Stadtspaziergang (s. S. 15)
	Shoppingareale
	Gastro- und Nightlife-Areale

Bewertung der Sehenswürdigkeiten

★★★	auf keinen Fall verpassen
★★	besonders sehenswert
★	wichtige Sehenswürdigkeit für speziell interessierte Besucher

Abu Dhabi mit PC, Smartphone & Co.

QR-Code auf dem Umschlag scannen oder **www.reise-know-how.de/citytrip/abudhabi24** eingeben und die **kostenlose Web-App** aufrufen (Internetverbindung zur Nutzung nötig)!

★**Anzeige der Lage und Satellitenansicht aller** beschriebenen Sehenswürdigkeiten und weiteren Orte
★**Routenführung** vom aktuellen Standort zum gewünschten Ziel
★**Exakter Verlauf** des empfohlenen Stadtspaziergangs
★**Audiotrainer** der wichtigsten Wörter und Redewendungen
★**Updates** nach Redaktionsschluss

GPS-Daten zum Download

Die GPS-Daten aller Ortsmarken und des Spaziergangs stehen auf der Produktseite des Titels auf www.reise-know-how.de zum Download zur Verfügung.

Stadtplan für mobile Geräte

Um den Stadtplan auf Smartphones und Tablets zu nutzen, empfehlen wir die App „Avenza Maps" der Firma Avenza™. Über die Funktion „Store" kann die „Citymap Abu Dhabi 2024" kostenlos geladen werden.

Die Information über und die Bereitstellung von digitalen Zusatzinhalten (z. B. Web-App, Links, GPS-Tracks o. Ä.) ist eine freiwillige Zusatzleistung des Verlages, auf die kein Anspruch besteht und für deren Richtigkeit aufgrund der Veränderlichkeit solcher Informationen auch nicht gehaftet werden kann. Insbesondere behält sich der Verlag deshalb vor, die Bereitstellung und die Zugriffsmöglichkeit zeitlich zu befristen und den Zugriff hierauf auch vorfristig abzuschalten.

Abu Dhabi, Stadtspaziergang